# SABAD and PUNJABI SONGS' SARGAM

Part-1

Notations writer: Vinod Kumar

Notion Press

NOTION PRESS

India. Singapore. Malaysia.

ISBN xxx-x-xxxxx-xx-x

# DEDICATION

This book is dedicated to my Parents.

-Vinod Kumar

# CONTENTS

Vinod Kumar

# PRAYERS

Guru Nanak Dev Ji

This life is four day's fair. Do not waste it. You have got this human body fortunately. Make this life better by God worship. Life is running. Have sometime to pray Ishwar. At last nothing will go with you. Your prayers and good work will accompany you and take you accros this world's ocean. Sing Sabad for the purpose.

Also Punjabi Songs are very melodious and make everybody happy and joyful. Who sings, gets its taste.

Waheguru ji

-Vinod Kumar

# PREFACE

My hearty greetings and Namaste to Readers. I have written 51 Songs' Sargam books of Mukesh-1,2, Kishor-1,2, Lata, Asha, Manna dey, Yesudas, Kumar Shanu, Rafi-1,2,3,4 and SD Burman's composed song book in Hindi Language and translated many books in English SARGAM and Western CDEFG. Bhajan Swarlipi 1,2,3 and one Gazal Sargam book is also published in Hindi, English and Western notes. All these books are available online. Now I have translated the new book as Sabad and Punjabi Songs' Sargam, Part-1 book in English SRGM. It is in English with notes in SRGM style, so that music lovers can play and sing songs and get enjoyed.

Mostly song's notations are written in original scale but somewhere you have to transpose +1 or – 1 or ±2 to get original scale. Sa taken is also mentioned in each song's detail. Person who knows western notations can understand as given below:

| .नी | .नी | सा | रे | रे | ग | ग | म |
|---|---|---|---|---|---|---|---|
| .N | .N | S | R | R | G | G | M |
| .$B^b$ | .B | C | $D^b$ | D | $E^b$ | E | F |
| .$A^{\#}$ | .B | C | $C^{\#}$ | D | $D^{\#}$ | E | F |

| मे | प | ध | ध | नी | नी | सां | रें |
|---|---|---|---|---|---|---|---|
| M* | P | D | D | N | N | S' | R' |
| $G^b$ | G | $A^b$ | A | $B^b$ | B | C' | $D^{b'}$ |
| $F^{\#}$ | G | $G^{\#}$ | A | $A^{\#}$ | B | C' | $C^{\#'}$ |

Vinod Kumar

In this book some symbols are given as (G-) it means you have to play G for two beats duration or matra similarly you have to play for the beats for more number of – if there are more dashes. When two notes are written adjacending to each other it means you have to play the notes in one beat or matra as MP mapa is played in one beat.

Notations at the beginning of the song are prelude and notations in the middle of the song are interlude. These notations are written by me by my experience. Hope readers shall understand, like and enjoy it. A person having basic knowledge of music can play the songs on any instrument.

One has to practice sargam daily and its palte also so that one can become expert in playing difficult notes sequence. People can enjoy your playing instruments and then only your success will be counted. Care has been taken to provide accuracy still there is no liability of correctness and accuracy of notes and writer, printer, publisher and editor is not respoinsible for any error or ommissions or mistakes. If any mistake is found kindly inform.

For purchasing the books in India, one can visit notionpress.com or flipkart.com and amazon.in. Kindly review my books at amazon and flipkart and give proper stars after purchasing my books from the above sites. For any query, email to me.

- Vinod Kumar (vinod66vk@gmail.com)

# SARGAM

SARGAM swars/sound are derived from voice of animals and birds. C scale is as follows:-

| Note Name | Swar | स्वर नाम | Swar full name | स्वर का पूरा नाम हिंदी में | यह स्वर किस पशु पक्षी की आवाज से लिया गया है. |
|---|---|---|---|---|---|
| C= | Sa= | सा | Shadaj | षडज | Peacock/ मोर की आवाज़ |
| D= | Re= | रे | Rishabh | रिषभ | Papiha /पपीहा की आवाज़ |
| E= | Ga= | ग | Gandhar | गन्धार | Goat/ बकरा की आवाज़ |
| F= | Ma= | म | Madhyam | मध्यम | Crane/ बगुला की आवाज़ |
| G= | Pa= | प | Pancham | पंचम | Koccoo/Koyal/ कोयल की आवाज़ |
| A= | Dha= | ध | Dhaiwat | धैवत | Frog/ दादुर या मेंढक की आवाज़ |
| B= | Ni= | नी | Nishad | निषाद | Elephant हाथी की आवाज़ |
| C'= | Sa'= | सां | (Higher Sa) | | |

C#=<u>Re</u>=<u>रे</u> (रे कोमल), D#=<u>Ga</u>=<u>ग</u> (ग कोमल), F#=Ma*=मे (म तीव्र), G#=<u>Dha</u>=<u>D</u> (D कोमल), A#=<u>Ni</u>=<u>नी</u> (नी कोमल)

We can write as S <u>R</u> R <u>G</u> G M M* P <u>D</u> D <u>N</u> N S'

All notes underlined are called Komal Swar as Komal Re Komal Ga Komal Dha Komal Ni. One note Ma* is called Tivra Ma Sequence of the notes are-

| S | <u>R</u> | R | <u>G</u> | G | M | M* |
|---|---|---|---|---|---|---|
| सा | <u>रे</u> | रे | <u>ग</u> | ग | म | मे |
| C | $D^b$ | D | $E^b$ | E | F | $G^b$ |
| C | $C^\#$ | D | $D^\#$ | E | F | $F^\#$ |

| P | <u>D</u> | D | <u>N</u> | N | S' |
|---|---|---|---|---|---|
| प | <u>ध</u> | ध | <u>नी</u> | नी | सां |
| G | $A^b$ | A | $B^b$ | B | C' |
| G | $G^\#$ | A | $A^\#$ | B | C' |

Sa and Pa are Achal Swar(fixed notes) they do not have any Komal or Tivra. They are fixed notes as per North Indian music tradition.

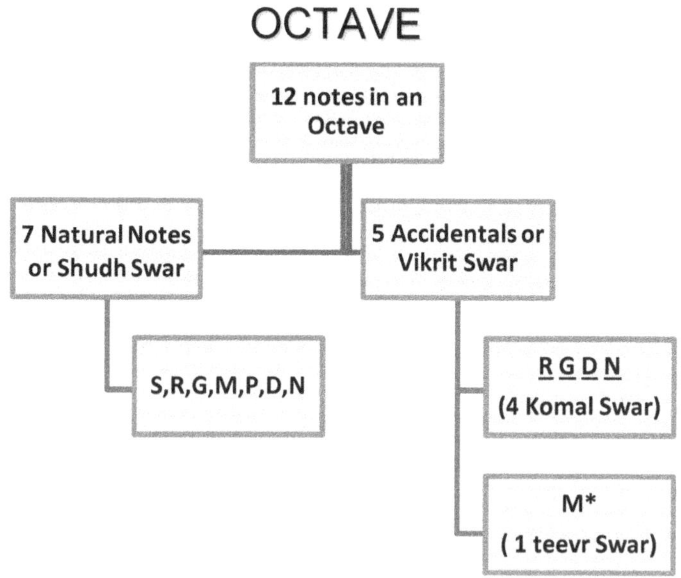


**Sequence of the notes on any instrument are:**

**.D .N .N S R R G G M M* P D D N N S' R' R' G'**

C# Scale is given as:

**S R G M P D N**

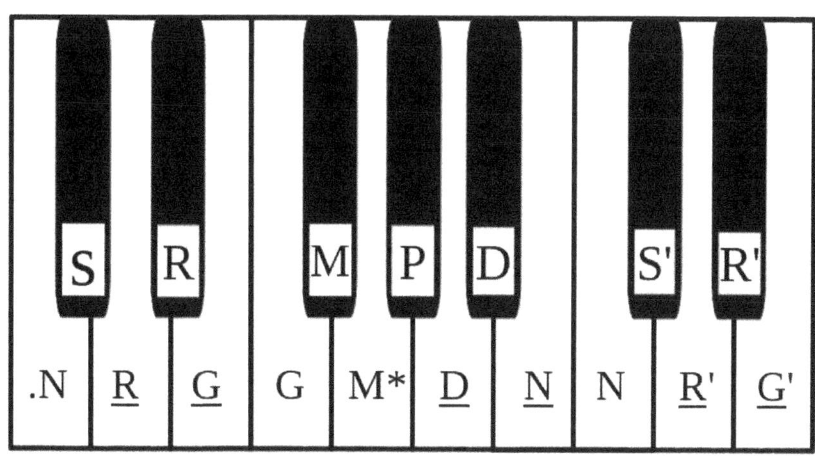

# 1. BAHEIN JINNA DI PAKADIYE

Sabad
Film: Silsila (1981)
Taal: Kaharwa

Music: Shiv Kumar Sharma,
Hari Prasad Chaurasia (Shiv-Hari)
Singer: Raagi
Chord: GPN S=C

https://www.youtube.com/watch?v=oWEelVb35YA

bahein jinna di pakadiye, sir deejai baahein na chhodiye

chit charan kamal ka aasra, chit charan kamal sang jodiye

man loche pur aaiyaan, gur shab deekhe man hodiye

teg bahadur boleya, dhar piye dharam na chhodiye

Vinod Kumar

# BAHEIN JINNA DI PAKADIYE

| dha | ge | n | ti | n | ke | dhi | n | dha | ge | n | ti | n | ke | dhi | n |
|---|---|---|---|---|---|---|---|---|---|---|---|---|---|---|---|
| 1 | 2 | 3 | 4 | 5 | 6 | 7 | 8 | 1 | 2 | 3 | 4 | 5 | 6 | 7 | 8 |

prelude:
flute: NP DM* PG M*P D-
sarangi: M*PP-G GM*M*-RG-
M* M*PP-G GM*M*-R G-
G P D N--

ND PD M* RRGG NR’ R’ R’N R’N D DNN
bahein jinna di pakadiye, sir deejai baahein na chhodiye

NR’ R’ R’N R’N D DNN –PDM*
sir deejai baahein na chhodiye

NR’ R’G’G’ G’R’R’ NR’ R’G’G’ NR’ R’R’R’ NR’R’ ND DNN
chit charan kamal ka aasra, chit charan kamal sang jodiye

ND PD M* RRGG
bahein jinna di pakadiye

R’G’ G’R’ NR’ R’G’G’ R’R’ R’R’ R’NR’ ND DNN-PDM*
man loche pur aaiyaan, gur shab deekhe man hodiye

ND PD M* RRGG
bahein jinna di pakadiye

G’G’ G’R’NR’ R’G’G’ R’ R’R’R’N R’R’N D DNN
teg bahadur boleya, dhar piye dharam na chhodiye

NR’ R’R’R’N R’R’N D DNN- PDM*
dhar piye dharam na chhodiye

ND PD M* RRGG
bahein jinna di pakadiye

# 2. BEGAMPURA SAHAR KO NAU

Sabad: Bhagat Ravi Das Ji  Singer: Bhai Sarbjit Singh ji
Taal: Kaharwa  Chord: RMD  S=C#

https://youtu.be/p9GSOWCDmkA

begampura sahar ko nau
dukhu andoh nahi tihi thau
naan tasvees khiraju na malu
khauf na khata na tarasu jawalu

ab mohi khub vatan gah paayi
uhaan khairi sadaa mere bhai
kaimu daaimu sadaa paatisahi
dom na sem ek so aahi
aabaadaanu sadaa mashoor
uhaan gani basahi maamur

tiu tiu sail karahi jiu bhave
mahram mahal n ko atkave
kahi ravidas khalaas chamaaraa
jo ham sahrii su meetu hamaaraa

Vinod Kumar

# BEGAMPURA SAHAR KO NAU

| dha | ge | n | ti | n | ke | dhi | n | dha | ge | n | ti | n | ke | dhi | n |
|---|---|---|---|---|---|---|---|---|---|---|---|---|---|---|---|
| 1 | 2 | 3 | 4 | 5 | 6 | 7 | 8 | 1 | 2 | 3 | 4 | 5 | 6 | 7 | 8 |

prelude:
S.DR SR RRG MG RSR
begampura sahar ko nau

DP MD-P PP MG P-M
dukhu andoh nahi tihi thau

NN NNP MG RS RR
dukhu andoh nahi tihi thau

N NDNN NNN D NP
naan tasvees khiraju na malu

S'S' S' S'R'N D PMP P D
khauf na khata na tarasu jawalu

G' G'R'G'G' S'DS' S' R'R'
naan tasvees khiraju na malu

R'S' N DPM M MPM G RR
khauf na khata na tarasu jawalu

NN ND NN NNN ND NP
ab mohi khub vatan gah paayi

S'S' S'S'R' PM PP DD
uhaan khairi sadaa mere bhai

G'G' G'R' G'G' S'DD S'S' R'R'
ab mohi khub vatan gah paayi

S'D MPG PP$^{D}$ MG RR
uhaan khairi sadaa mere bhai

NND N-PP NN NDNP
kaimu daaimu sadaa paatisahi

S'S' S' S'-R' MM P DD
dom na sem ek so aahi

G'R' G'G' S'D S'S'R'R'
aabaadaanu sadaa mashoor

S'D MPG MP GRR
uhaan gani basahi maamur

N ND NP NNN ND N-P
tiu tiu sail karahi jiu bhave

S' S' S'S'R'R' D M PP DD
mahram mahal n ko atkave

G'G' G'R'G'G' S'DS' S'R'R'
kahi ravidas khalaas chamaaraa

S' DP MPG M PM GRR
jo ham sahrii su meetu hamaaraa

# 3. DUKH BHANJAN TERA NAAM JI

Sabad
Taal: Kaharwa
https://youtu.be/2zXn2NqWWYI

Singer: Bhai Ravinder Singh ji
Chord: .NRP S=D#

dukh bhanjan tera naam ji, dukh bhanjan tera naam
aath pahar aaraadhiye puran satgur gyan

jit ghat vase paarbrahm soi suhava thau
jam knkar ned n aavai o rasna hari gun gau

seva surat n jaaniyaan n jaape aaraadh
ot teri jag jeevnaa mere thakur agam agaadh

bhaye kirpaal gosaaiyaan natthe sok santaap
tatti wau n lagai satgur rakkhe aap

gur narayan day gur gur sachcha sirjan haar
gur tutthe sabh kuch paaiya jan naanak sad balhaar

## DUKH BHANJAN TERA NAAM JI

| dha | ge | n | ti | n | ke | dhi | n | dha | ge | n | ti | n | ke | dhi | n |
|---|---|---|---|---|---|---|---|---|---|---|---|---|---|---|---|
| 1 | 2 | 3 | 4 | 5 | 6 | 7 | 8 | 1 | 2 | 3 | 4 | 5 | 6 | 7 | 8 |

S.N SRR P-M* G-R GR S.N SRR M*-G R--
dukh bhanjan tera naam ji, dukh bhanjan tera naam

N NN DDNDP S'N DPDM* P- GM*GR
aath pahar aaraadhiye puran satgur gyan

NN NN NS'N S'R'R'R' R'R' S'NDS'N N---DP
jit ghat vase paarbrahm soi suhava thau

N NNN NS' N S'R'R' S'R'S' ND S'N N---DP
jam knkar ned n aavai rasna hari gun gau

N NN DDNDP S'N DPDM* P- GM*GR
aath pahar aaraadhiye puran satgur gyan

S.N SRR P-M* G-R GR S.N SRR M*-G R--
dukh bhanjan tera naam ji, dukh bhanjan tera naam

NN NN NS'N S'R'R'R' R'R' S'NDS'N N---DP
bhaye kirpaal gosaaiyaan natthe sok santaap

NN NNS' N S'R'R' R' S'ND S'NN---DP
seva surat n jaaniyaan n jaape aaraadh

N NN S'N S'R'R' R' R'R'S' NDS' NNN---DP
ot teri jag jeevnaa mere thakur agam agaadh

N N N S'NS'R'R' R'S' NDS' NNN---DP
bhaye kirpaal gosaaiyaan natthe sok santaap

NN NS' N S'R'R' S'R'S'N D S'N NN---DP
tatti wau n lagai satgur rakkhe aap

N NN-S'N S' R'R' R' R'S' NDS'N NN---DP
gur narayan day gur gur sachcha sirjan haar

N NN NN S'N S'R'R' R' R'S'S' ND S'NNN---DP
gur tutthe sabh kuch paaiya jan naanak sad balhaar

# 4. EK ONKAR SATNAM

Singer: Ms Pooja Chord: SGP S=D
https://youtu.be/LbftHnxqUfk

ek onkar, sat naam

karta purakh

nirbhau nirbair

akaal murat

ajuni saibham

gur parsad

japu aadi sach jugadi sach

hai bhi sach, naanak hosi bhi sach

sochai sochi n hovaii, je soche lakh vaar

chuppai chup n hovaii, je laai raha livtaar

bhukhiya bhukh n utari, je banna puriya bhar

sahas siyanpa lakh hohi, ta ik na challe naali

kiv sachiyara hoiai, kiv kude tutte paali

hukum rajai chalna, naanak likhiya naali

# EK ONKAR SATNAM

| dha 1 | ge 2 | n 3 | ti 4 | n 5 | ke 6 | dhi 7 | n 8 | dha 1 | ge 2 | n 3 | ti 4 | n 5 | ke 6 | dhi 7 | n 8 |
|---|---|---|---|---|---|---|---|---|---|---|---|---|---|---|---|

S RS R S
ek onkar, sat naam

SR SS
karta purakh

R S R S
nirbhau nirbair

SR SSS
akaal murat

SSG RG
ajuni saibham

R SS
gur parsad

SS RS SS SRR SS
japu aadi sach jugadi sach

S R SS RSS S.N R SS
hai bhi sach, naanak hosi bhi sach

SR SS S SS S RS SS S
sochai sochi n hovaii, je soche lakh vaar

SR SS S SSS S SR SS S S
chuppai chup n hovaii, je laai raha livtaar

SSG RG G RRG S RR SS S
bhukhiya bhukh n utari, je banna puriya bhar

RR RSS SS SS S RR R SS S
sahas siyanpa lakh hohi, ta ik na challe naali

M MMMM MMM-PD-PM G GR GR SS
kiv sachiyara hoiai, kiv kude tutte paali

SR SSS SS RRS SS.NR SS
hukum rajai chalna, naanak likhiya naali

# 5. HAM MAILE TUM UJAL KARTE

Film: Naanak Naam Jahaaz hai (1969)
Sabad
Taal: Kaharwa
sorathi mahala 5 (bani guru arjun dev ji)

Music: S. Mohinder
Singer: Manna Dey
Chord: SGP S=C#

ham maile tum ujal karte ham nirgun tu data
ham murakh tum chatur siyane tu sarb kalaa ka giyata

madho ham aise tu aisa
ham paapi tum paap khandan neeko thakur desa

tum sabh saaje saaji nivaje jeeu pindu de prana
nirguni aare gunu nahin koii tum daanu dehu miharbana

tum karahu bhala ham bhalo na jaanah tum sadaa sadaa daiyala
tum sukhdaayi purakh bidhate tum raakhahu apune baala

tum nidhan atal sulitaan jiiv jant sabhi jaachai
kahu naanak ham ihai havaala raakhu santan kai paachai

# HAM MAILE TUM UJAL KARTE

| dhage | nti | nke | dhin | dhage | nti | nke | dhin | dhage | nti | nke | dhin | dhage | nti | nke | dhin |
|---|---|---|---|---|---|---|---|---|---|---|---|---|---|---|---|
| 12 | 34 | 56 | 78 | 12 | 34 | 56 | 78 | 12 | 34 | 56 | 78 | 12 | 34 | 56 | 78 |

R'R' R'R' R'R' S'R'M' R'S' S'S'S'
ham maile tum u--------jal karte

S'R' S'NNN ND NR'S'
ham nirgun tu data

S'R' S'NNN NN NS'NS' NDPM
ham murakh tum chatur siyane

M PM GR.N GR S-S-
tu sarb kalaa ka giyata

M MDD DN NG' R' R'S' ---- S'R'G'
tu sarb kalaa ka giyata

R'S'NDPM PM GRS.N GR SS
ma-dho--- ham aise tu aisa

| | | | | | | | | | | | | | | | |
|---|---|---|---|---|---|---|---|---|---|---|---|---|---|---|---|
| M | - | P | M | - | PM | G | R | S | .N | G | R | S | - | S | - |
| ma | - | dho | - | - | hm | ae | - | se | - | tu | - | ae | - | sa | - |
| M | D | N | R' | S' | - | NS' | D | - | N | D | P | M | M | M | - |
| h | m | pa | - | pi | - | tu- | m | - | pa | - | p | khn | d | n | - |
| R' | - | R' | - | R' | M' | R' | S' | S' | - | S' | - | G' | R' | S' | ND |
| ni | - | ko | - | tha | - | ku | r | de | - | sa | - | ma | - | dho | - |
| PM | PM | G | R | S | .N | G | R | S | - | S | - | - | - | - | - |
| - | hm | ae | - | se | - | tu | - | ae | - | sa | - | - | - | - | - |

interlude: M D N S' - - - S' R' S' R' N S' NS' – D- M
P M G R S .N G R S – S - - - -

| | | | | | | | | | | | | | | | |
|---|---|---|---|---|---|---|---|---|---|---|---|---|---|---|---|
| - | MG | S | R | G | - | M | - | M | G | S | R | G | - | M | - |
| - | tum | s | b | sa | - | je | - | sa | - | j | ni | va | - | je | - |

Vinod Kumar

| | | | |
|---|---|---|---|
| - D N S’ | N S’ D P | M - M - | - - - - |
| - ji a p | nu d de - | pra - na - | - - - - |

music: S’R’ ---- S’R’S’N DPM---

| | | | |
|---|---|---|---|
| - DD N S’ | S’ - N S’ | D DD P P | M - M - |
| - nir gu n | aa - re - | - gun n hi | ko - ii - |
| - R’R’ R’ - | R’ R’ S’R’R’M’ | R’ R’S’ S’ - | S’ - R’ G’ |
| - tum da - | n de yo - | me hr ba - | na - - - |
| G’ R’ S’ ND | PM PM G R | S .N G R | S - S - |
| ma - dho - | - hm ae - | se - tu - | ae - sa - |
| M P D N | - D P M | P M - - | - - G R |
| ma - - - | - dho - - | h m - - | - - ae - |
| S .N G R | S - S - | | |
| se - tu - | ae - sa - | | |

# 6. HE GOVIND HE GOPAL

Sabad Guru Arjundev ji
Singer: Jagjit Singh
Taal: Daadra
Chord: SGP S=C#
https://youtu.be/6uxVaiNrb4o

he govind he gopal he govind he gopal
he dayaal laal

praan naath anaath sakhe, deen dard nivaar
he govind he gopal

he samrath agamy puran, moh maya dhaar
he govind he gopal

andh kuup mahaa bhayaanak, naanak paar utaar
he govind he gopal

## HE GOVIND HE GOPAL

| dha 1 | tin 2 | tin 3 | tata 4 | dhin 5 | dhin 6 | dha 1 | tin 2 | tin 3 | tata 4 | dhin 5 | dhin 6 |
|---|---|---|---|---|---|---|---|---|---|---|---|
| G | - | -R | G | - | S | R | - | -R | GR | R | S |
| he | - | -go | vin | - | d | he | - | -go | pa- | - | l |
| G | - | -G | R | - | -R | S | - | - | - | - | - |
| he | - | -d | ya | - | -l | la | - | - | - | - | l |
| G | - | -R | G | - | S | R | - | -R | GR | - | S |
| he | - | -go | vin | - | d | he | - | -go | pa- | - | l |
| GR | G | -R | S | .D | RS | S | - | - | - | - | - |
| he- | - | -d | ya | - | -l | la | - | - | - | - | l |
| P | - | -P | P | - | P,P | D | - | D | D | P | G |
| pra | - | -n | na | - | th,a | na | - | th | s | khe | - |

| | | | | | | | | | | | |
|---|---|---|---|---|---|---|---|---|---|---|---|
| P | - | -P | PG | D | G,P | DP | D | D | D | G | P |
| pra | - | -n | na- | - | th,a | na- | - | th | s | khe | - |
| S’ | - | -S’ | P | -P | P | GR | G | - | R | S | - |
| di | - | -n | d | -rd | ni | va- | - | - | - | r | - |
| S’ | - | -N | S’ | - | D | N | - | -D | N | D | P |
| he | - | -go | vin | - | d | he | - | -go | pa | - | l |
| P | - | -P | G | - | -R | S | - | - | - | - | - |
| he | - | -d | ya | - | -l | la | - | - | - | - | l |
| PG | G | G | P | D | -P | S’ | - | -N | R’ | S’ | S’ |
| he- | s | m | r | th | -a | g | - | -mya | pu | r | n |
| S’ | - | -S’ | D | P | - | GR | G | - | R | S | - |
| mo | - | -h | ma | ya | - | dha- | - | - | - | - | r |
| P | - | -G | P | D | -D | S’ | - | -N | R’ | S’ | S’ |
| an | - | -dh | ku | p | -m | ha | - | -bh | ya | - | n |
| S’ | -S’ | S’ | D | -P | -P | GR | G | - | R | S | - |
| na | -n | k | pa | -r | -u | ta- | - | - | - | - | r |

# 7. JISKE SIR UPAR TU SWAMI

Film: Man Jeete Jag Jeete (1982) Music : S. Mohinder
Lyrics: Sabad Gurubani Singer: Md. Rafi
Taal: Kaharwa Chord: RMD S=C#
https://youtu.be/hq7uvpO1Xn0

jiske sir upar tu swami so dukh kaisa paave
bol na jane maaya madmaata, marna chitt na aave,

mere ram raaye tu santa ka, sant tere
tere sewak ko bhao kich naahi jamm nahi aave nede,
jiske sir upar tu swami so dukh kaisa paave

jo tere rang raate swami tin ka janam-maran dukh naasa
teri bakhsh na mete koi, satgur ka dilaasa
jiske sir upar tu swami so dukh kaisa paave

naam dhyaayan sukh phal paayan, aath pehar araadhe
teri sharan tere parwaase panch dusht le saadhe,
jiske sir upar tu swami so dukh kaisa paave

gyaan dhyaan kich karm na jaana, saar na jaana teri
sab te waddaa satgur nanak jin kal raakhi meri
jiske sir upar tu swami so dukh kaisa paave

Vinod Kumar

# JISKE SIR UPAR TU SWAMI

| dha | ge | n | ti | n | ke | dhi | n | dha | ge | n | ti | n | ke | dhi | n |
|---|---|---|---|---|---|---|---|---|---|---|---|---|---|---|---|
| 1 | 2 | 3 | 4 | 5 | 6 | 7 | 8 | 1 | 2 | 3 | 4 | 5 | 6 | 7 | 8 |
| | G | G | G | G | R | G | D | P | M | M | P | G | - | R | - |
| | ji | s | ke | si | r | u | - | p | r | tu | - | swa | - | mi | - |
| - | G | P | P | D | - | D | R’ | S’ | N | N | S’ | S’ | D | - | - |
| - | so | du | kh | kai | - | sa | - | pa | - | - | - | ve | - | - | - |
| D | - | M’ | M’ | G’ | G’ | R’ | - | N | - | S’ | R’ | R’ | - | R’ | - |
| bo | - | l | n | ja | ne | ma | - | ya | - | m | d | ma | - | ta | - |
| - | S’ | S’ | S’ | N | - | D | P | G | P | D | S’ | N | - | - | - |
| - | m | r | na | chi | - | t | n | aa | - | ve | - | - | - | - | - |
| - | G | G | P | D | - | D | R’ | N | - | D | - | M | P | G | R |
| - | m | r | na | chi | - | t | n | aa | - | ve | - | - | - | - | - |
| - | G | G | G | G | R | G | D | P | M | M | P | G | - | R | - |
| - | ji | s | ke | si | r | u | - | p | r | tu | - | swa | - | mi | - |
| - | G | P | P | D | - | D | R’ | S’ | N | N | S’ | S’ | D | - | - |
| - | so | du | kh | kai | - | sa | - | pa | - | - | - | ve | - | - | - |
| S | S | R | - | - | - | - | - | S | S | R | - | - | - | - | - |
| s | t | na | -m | - | - | - | - | s | t | na | -m | - | - | - | - |
| P- | PP | D- | - | - | - | - | - | P- | PP | D- | - | - | - | M’- | M’G’ |
| va | he,gu | ru | - | - | - | - | - | va | he,gu | ru | - | - | - | va | he,gu |
| R’- | - | - | - | - | - | R | S | S | -R | R | G | - | - | - | - |
| ru | - | - | - | - | - | me | re | ra | -m | ra | ye | - | - | - | - |
| - | P | - | P | M | M | G | G | R | - | R | - | - | - | - | - |
| - | tu | - | sn | ta | ka | sn | t | te | - | re | - | - | - | - | - |

| | | | | | | | | | | | | | | | |
|---|---|---|---|---|---|---|---|---|---|---|---|---|---|---|---|
| - | P | P | P | D | D | S’ | - | - | P | M | M | G | - | R | - |
| - | te | re | se | v | k | ko | - | - | bhy | ku | chh | na | - | hi | - |
| - | M | M | M | P | - | G | - | R | - | R | - | - | - | - | - |
| - | jm | n | hi | aa | - | ve | - | ne | - | re | - | - | - | - | - |
| - | D | - | D | R’ | - | R’ | R’ | R’G’ | M’ | G’ | R’ | S’ | - | DN | P |
| - | jo | - | te | re | - | rn | g | ra- | - | te | - | swa | - | mi | - |
| - | G | G | G | P | P | P | P | D | D | D | R’ | N | - | D | - |
| - | ti | n | ka | j | n | m | m | r | n | du | kh | na | - | sa | - |
| D | - | M’ | - | G’ | - | R’ | R’ | N | - | R’ | - | R’ | - | R’ | - |
| te | - | ri | - | b | k | sh | n | me | - | te | - | ko | - | ii | - |
| - | S’ | S’ | N | D | N | P | P | G | P | D | S’ | N | - | - | - |
| - | st | gu | ru | ka | - | - | di | la | - | sa | - | - | - | - | - |
| - | GG | P | P | D | P | D | R’ | N | - | D | - | M | P | G | R |
| - | st | gu | ru | ka | - | - | di | la | - | sa | - | - | - | - | - |
| - | G | G | G | G | R | G | D | P | M | M | P | G | - | R | - |
| - | ji | s | ke | si | r | u | - | p | r | tu | - | swa | - | mi | - |
| - | G | P | P | D | - | D | R’ | S’ | N | N | S’ | S’ | D | - | - |
| - | so | du | kh | kai | - | sa | - | pa | - | - | - | ve | - | - | - |
| S | S | R | - | - | - | - | - | S | S | R | - | - | - | - | - |
| s | t | na | -m | - | - | - | | s | t | na | -m | - | - | - | - |
| P | PP | D | - | - | - | - | - | P | PP | D | - | - | - | M’ | M’G’ |
| va | he,gu | ru | - | - | - | - | - | va | he,gu | ru | - | - | - | va | he,gu |
| R’ | - | - | - | - | - | - | - | | | | | | | | |
| ru | - | - | - | - | - | - | - | | | | | | | | |

| S | -S | R | G | - | - | - | - | R | S | R | G | - | - | - | - |
|---|---|---|---|---|---|---|---|---|---|---|---|---|---|---|---|
| na | m,dh | ya | yn | - | - | - | - | sukh | fl | pa | yn | - | - | - | - |
| P | - | M | M | P | M | G | - | R | - | R | - | - | - | - | - |
| aa | - | th | p | h | r | aa | - | ra | - | dhe | - | - | - | - | - |
| - | P | - | P | D | D | D | D | S’ | - | P | M | G | - | R | - |
| - | te | - | ri | sh | r | n | te | re | - | p | r | va | h | se | - |
| - | M | M | P | - | M | G | - | R | - | R | - | - | - | - | - |
| - | pn | ch | du | - | sht | lai | - | sa | - | de | - | - | - | - | - |
| - | D | D | D | R’ | R’ | R’ | R’ | R’G’ | M’ | G’ | R’ | S’ | - | DN | P |
| - | gya | n | dhya | - | n | ku | chh | k | r | m | n | ja | - | na- | - |
| - | G | P | P | D | - | D | R’ | N | - | D | - | - | - | - | - |
| - | sa | r | na | ja | - | na | - | te | - | ri | - | - | - | - | - |
| - | D | D | M’ | G’ | - | R’ | - | S’ | N | S’ | R’ | R’ | - | R’ | R’ |
| - | s | b | te | v | d | da | - | s | t | gu | ru | na | - | n | k |
| S’ | S’ | S’ | S’ | N | - | D | P | G | P | D | S’ | N | - | - | - |
| ji | n | k | l | ra | - | khii | - | me | - | ri | - | - | - | - | - |
| G | G | P | P | D | - | D | R’ | N | - | D | - | M | P | G | R |
| ji | n | k | l | ra | - | khii | - | me | - | ri | - | - | - | - | - |
| - | G | G | G | G | R | G | D | P | M | M | P | G | - | R | - |
| - | ji | s | ke | si | r | u | - | p | r | tu | - | swa | - | mi | - |
| - | G | P | P | D | - | D | R’ | S’ | N | N | S’ | S’ | D | - | - |
| - | so | du | kh | kai | - | sa | - | pa | - | - | - | ve | - | - | - |
| S | S | R | - | - | - | - | - | S | S | R | - | - | - | - | - |
| s | t | na | -m | - | - | - | - | s | t | na | -m | - | - | - | - |

| | | | | | | | | | | | | | | | |
|---|---|---|---|---|---|---|---|---|---|---|---|---|---|---|---|
| P | PP | D | - | - | - | - | - | P | PP | D | - | - | - | M' | M'G' |
| va | he,gu | ru | - | - | - | - | - | va | he,gu | ru | - | - | - | va | he,gu |
| R' | - | - | - | - | - | - | - | | | | | | | | |
| ru | - | - | - | - | - | - | - | | | | | | | | |

# 8. JO MANGE THAKUR APNE TE

World gurudwara.com Chord: PNR' S=C#
Sabad Gurubani Taal:
Kaharwa
https://www.youtube.com/watch?v=jkfvNRnYehk

jo mange thakur apne te soi soi deve
nanak das mukh te jo bole eeha uha such hovay
jo mange thakur apne te soi soi deve

chatur disa kino bal apna, sir upar kar dhareyo
kirpa katakh avalokan kino, das ka dukh bidaryo
jo mange thakur apne te soi soi deve

hari jan raakhe gur govind rakhe gur govind
kanth lae avguna sab mete, dyal purakh bakshind
jo mange thakur apne te soi soi deve

# JO MANGE THAKUR APNE TE

| dha<br>1 | tit<br>2 | tin<br>3 | tin<br>4 | ta<br>5 | tit<br>6 | dhin<br>7 | dhin<br>8 | dha<br>1 | tit<br>2 | tin<br>3 | tin<br>4 | ta<br>5 | tit<br>6 | dhin<br>7 | dhin<br>8 |
|---|---|---|---|---|---|---|---|---|---|---|---|---|---|---|---|
| | N | - | N | N | - | N | D | P | D | D | D | P | M* | G | R |
| | jo | - | man | ge | - | tha | - | ku | r | a | p | ne | - | te | - |
| - | G | P | P | D | P | D | N | D | P | P | - | - | - | - | - |
| - | so | - | i | so | - | ii | - | de | - | vai | - | - | - | - | - |

| | | | | | | | | | | | | | | | |
|---|---|---|---|---|---|---|---|---|---|---|---|---|---|---|---|
| - | R’ | R’ | R’ | R’ | -R’ | R’ | R’ | R’ | G’ | G’ | R’ | R’ | S’ | S’ | - |
| - | na | n | k | da | -s | mu | kh | te | - | jo | - | bo | - | le | - |
| S’ | R’ | - | S’ | N | - | D | P | P | D | D | N | - | - | - | - |
| i | ha | - | u | ha | - | s | ch | ho | - | vai | - | - | - | - | - |
| - | R’ | R’ | R’ | R’ | -R’ | R’ | R’ | R’ | G’ | G’ | R’ | R’ | S’ | S’ | - |
| - | chtu | r | di | sa | - | kii | - | nho | - | b | l | a | p | na | - |
| - | S’ | R’ | S’ | N | D | D | P | P | D | D | N | - | - | - | - |
| - | si | r | u | p | r | k | r | dha | r | yo | - | - | - | - | - |
| - | R’ | R’ | R’ | R’ | -R’ | R’ | R’ | R’ | G’ | G’ | R’ | R’ | S’ | S’ | - |
| - | kir | pa | k | ta | khu | a | v | lo | - | k | n | kii | - | nyo | - |
| - | S’ | R’ | S’ | N | - | D | P | P | D | D | N | - | - | - | - |
| - | da | s | ka | du | - | kh | vi | da | r | yo | - | - | - | - | - |
| - | R’ | R’ | R’ | R’ | - | R’ | - | R’ | G’ | G’ | R’ | R’ | S’ | S’ | - |
| - | hri | j | n | ra | - | khe | - | gu | r | go | - | vin | - | d | - |
| - | S’ | R’ | S’ | N | N | D | P | P | D | D | N | - | - | - | - |
| - | ra | - | khe | gu | r | go | - | vin | - | d | - | - | - | - | - |
| - | R’ | R’ | R’ | R’ | - | R’ | R’ | R’ | G’ | G’ | R’ | R’ | S’ | S’ | - |
| - | kn | th | la | ye | - | a | v | gu | n | s | b | me | - | te | - |
| S’ | R’ | R’ | S’ | N | N | D | P | P | D | D | N | - | - | - | - |
| d | ya | l | pu | r | kh | b | k | shin | - | d | - | - | - | - | - |
| - | N | - | N | N | - | N | D | P | D | D | D | P | M* | G | R |
| - | jo | - | man | ge | - | tha | - | ku | r | a | p | ne | - | te | - |
| - | G | P | P | D | P | D | N | D | P | P | - | - | - | - | - |
| - | so | - | i | so | - | ii | - | de | - | vai | - | - | - | - | - |

# 9. KIRPA KARO DEEN KE DAATE

Sabad, Mahla 5 Ghar 1
Singer: Bhai Kavaldeep Singh ji
Taal: Kaharwa
Chord: RM*D S=C#
https://youtu.be/mq8LLPRZwVE

kirpa karo deen ke date mera gun avgan na bicharo koi.

mati ka kiya dope suami, manas ki gat ayhi. ||1||

mere man satgur sev sukh hoyi.

jo ichahu soyi fal pavoh fir dukh na viape koi. ||1|| rahaa-o.

kache bhande saji nivaje antar jot samahi.

jaisa likhat likhiya dhuri karte ham taesi kirat kamai. ||2||

man tan thapi kiya sab apna eho avan jaana.

jin diya so chit na aawey mohi andh laptana. ||3||

jin kiya soyi prab jaane har ka mahal apara.

bhagat kari har ke gun gavan nanak das tumara. ||4||1||

Vinod Kumar

# KIRPA KARO DEEN KE DAATE

| dha | ge | n | ti | n | ke | dhi | n | dha | ge | n | ti | n | ke | dhi | n |
|---|---|---|---|---|---|---|---|---|---|---|---|---|---|---|---|
| 1 | 2 | 3 | 4 | 5 | 6 | 7 | 8 | 1 | 2 | 3 | 4 | 5 | 6 | 7 | 8 |

GR GM* M*G M*DP
kirpa kro kirpa kro-

PD DN PGM* R GG
kirpa kro di-n ke date

M*M* M*P GGSR .N SGGG M*M*
mera gun avgun n vicharo koii

PDP M*P GGSR .N SGGG RPM*G
me-ra gun avgun n vicharo o-----

DN R'S'R'N D DN R'S'R'N
mati ka kiya thopai suaami

NN PD M*M* GG NN PD M*M* GSR.N
mans kii gti ehi mans kii gti ehi

DN R'S'R'N G'G'G'G' G'R' M*'G' S'R'G'
mere mn--- stiguru sev sukh ho-ii

D NR'S'R'N D N R'S'R'N G' G'G' G' G'R'M*'G' S'R'G'
jo ichchhahu soii fal pavhu fir dukh n viyape koii

N NS'N D M*DPM* GG N NS'N D M*DPM* GSR.N
fir du-kh n viya-pe koii fir du-kh n viyape ko---ii-

DN R'S'R'N DN R'S'R'N G'G' G'R'M*' G'S'R'G'
kache bhan---de saji niva-je antr jo-t sma-ii

DN R'S'R'N DDD NN R'S'R'N G' G'G' G'R'M*' G'S'R'G'
jaisa likh-t likhiya dhuri kr-tai hm aesi kirt kma-ii

N ND M*M*DP M*G G N ND M*M*DP M*G SR.N
hm aesi kirt- kma-ii hm aesi kirt- kma-ii---

D N R'S'R'N DD NN R'S'R'N G'G' G'R'M*'G' S'R'G'
mn tn tha--pi kiya sbh ap-na eho aa-vn ja-na

D NR'S'R'N D DN N R'S'R'N G'G' G'R' M*'G'S'R'G'
jin diya----- so chit n aa---vai mohi andh lipta-na

ND M*D PM* G G ND M*D PM* G SR.N
mohi andh lipta-na mohi andh lipta-na---

D NR'S'R'N D NN R'S'R'N G' G' G'R'M*' G'S'R'G'
jin kiya---- soii prbh ja-ne- hri ka mhl apa-ra

DDN N R'S'R'N D D N R'S'R'N G'G'G' G'R'M*' G'S'R'G'
bhgti kri----- hri ke gun ga-va- nank da-s tumhara

NDP M*DP M*GG NDP M*DP M*GSR.N
nank das tumhara nank das tumhara

# 10. KYA TU SOYA JAAG IYANA

Taal: Roopak Chord: GPN S=C#

Bhai Maninder Singh Ji (Sri Nagar Wale)

https://youtu.be/U9Oq8zQIhrs

kya tu soya jag eyana tai jeevan jag sach kar jaana

jo din aavay so din jaahee karna kooch rahan er naahin
sang chalat hain ham bhee chalna door gavan sir uupar marna
kya tu soya ----

jin jio deeya so rizak ambraaye sab ghar bheetar haat chalaaye
kar bandagee chhad main mera hirday naam smaari savera
kya tu soya ----

janam siraana ant na sanvaara saanjh pari dah disi andhiyaara
kah ravidas nidani deewane chetas naahin duniya bhankhaane
kya tu soya ----

# KYA TU SOYA JAAG IYANA

| dha | dhi | na | dha | ti | dha | ti | dha | dhi | na | dha | ti | dha | ti |
|---|---|---|---|---|---|---|---|---|---|---|---|---|---|
| 1 | 2 | 3 | 4 | 5 | 6 | 7 | 1 | 2 | 3 | 4 | 5 | 6 | 7 |
| N | - | - | D | N | R' | - | D | - | - | D | - | G | - |
| kya | - | - | tu | - | - | - | so | - | - | ya | - | - | - |
| G | - | - | M* | - | - | N | P | M* | - | P | - | G | - |
| ja | - | - | g | - | - | i | ya | - | - | na | - | - | - |
| N | - | - | D | N | R' | - | D | - | - | D | - | G | - |
| tai | - | - | ji | - | - | - | vn | - | - | j | - | g | - |
| G | G | - | M* | - | N | - | P | M* | - | P | - | G | - |
| s | ch | - | k | - | r | - | ja | - | - | na | - | - | - |
| interlude: (GPN) R'NDNR'---- D R' D R' N P N D P, | | | | | | | | | | | | | |
| P- G GDPM*G | | | | | | | | | | | | | |
| N – R' – R' – R' –R' N, P G- P- N- R'- NN | | | | | | | | | | | | | |
| R' | - | - | R' | - | R' | - | R' | - | - | N | - | - | - |
| jo | - | - | di | - | n | - | aa | - | - | ve | - | - | - |
| P | G | - | P | - | N | - | R' | - | - | N | - | - | - |
| so | - | - | di | - | n | - | ja | - | - | hi | - | - | - |
| R' | R' | - | R' | - | - | - | G' | - | R' | N | - | - | P |
| k | r | - | na | - | - | - | ku | - | - | ch | - | - | r |
| P | G | - | P | - | N | - | R' | - | - | N | - | - | - |
| h | n | - | ae | - | r | - | na | - | - | hi | - | - | - |
| N | - | - | R' | R' | N | R' | R' | M*' | - | G' | - | - | - |
| sn | - | - | g | - | - | ch | l | t | - | hai | - | - | - |
| N | - | - | R' | R' | - | - | R' | - | - | N | - | - | - |
| hm | - | - | bhi | - | - | - | chl | - | - | na | - | - | - |
| N | - | - | R' | R' | N | R' | R' | M*' | G' | G' | - | N | N |
| du | - | - | r | - | - | g | v | n | - | - | - | si | r |
| N | - | - | R' | - | R' | - | R' | R' | - | N | - | - | - |
| u | - | - | p | - | r | - | m | r | - | na | - | - | - |

| N | - | - | D | N | R’ | R’ | D | D | - | - | - | G | G |
|---|---|---|---|---|---|---|---|---|---|---|---|---|---|
| du | - | - | r | - | - | g | v | n | - | - | - | si | r |
| G | - | - | M* | - | N | - | P | M* | - | P | - | G | - |
| u | - | - | p | - | r | - | m | r | - | na | - | - | - |
| N | - | - | D | N | R’ | - | D | - | - | D | - | G | - |
| kya | - | - | tu | - | - | - | so | - | - | ya | - | - | - |
| G | - | - | M* | - | - | N | P | - | M* | P | - | G | - |
| ja | - | - | g | - | - | i | ya | - | - | na | - | - | - |

interlude: (GPN) R’NDNR’---- D R’ D R’ N P N D P,

P- G GDPM*G

N – R’ – R’ – R’ –R’ N, P G- P- N- R’- NN

| R’ | R’ | - | R’ | - | R’ | - | R’ | - | - | N | - | N | - |
|---|---|---|---|---|---|---|---|---|---|---|---|---|---|
| ji | n | - | ji | - | o | - | di | - | - | aa | - | so | - |
| P | G | - | P | - | N | N | R’ | - | - | N | - | - | - |
| ri | j | - | k | - | am | b | ra | - | - | e | - | - | - |
| R’ | R’ | - | R’ | - | R’ | - | R’ | - | - | N | - | N | - |
| s | b | - | gh | - | t | - | bhi | - | - | t | - | r | - |
| P | G | - | P | - | - | N | R’ | N | - | N | - | - | - |
| ha | - | - | t | - | - | ch | la | - | - | e | - | - | - |
| N | N | - | R’ | R’ | N | R’ | R’ | M*’ | G’ | G’ | - | - | - |
| k | r | - | bn | - | - | d | gi | - | - | - | - | - | - |
| N | - | N | R’ | R’ | - | - | R’ | - | - | N | - | - | - |
| chh | - | d | mai | - | - | - | me | - | - | ra | - | - | - |
| N | N | - | R’ | R’ | N | R’ | R’ | M*’ | G’ | G’ | - | - | N |
| hi | r | - | dai | - | - | - | na | - | - | m | - | - | s |
| N | - | - | R’ | R’ | - | R’ | R’ | - | - | N | - | - | - |
| ma | - | - | r | - | - | s | ve | - | - | ra | - | - | - |
| N | N | - | D | N | R’ | N | D | - | - | D | - | - | G |
| hi | r | - | dai | - | - | - | na | - | - | m | - | - | s |

| G | - | - | M* | - | - | N | P | M* | - | P | - | G | - |
|---|---|---|---|---|---|---|---|---|---|---|---|---|---|
| ma | - | - | r | - | - | s | ve | - | - | ra | - | - | - |
| N | - | - | D | N | R’ | - | D | - | - | D | - | G | - |
| kya | - | - | tu | - | - | - | so | - | - | ya | - | - | - |
| G | - | - | M* | - | - | N | P | M* | - | P | - | G | - |
| ja | - | - | g | - | - | i | ya | - | - | na | - | - | - |

interlude: (GPN) R’NDNR’---- D R’ D R’ N P N D P,

P- G GDPM*G

N – R’ – R’ – R’ –R’ N, P G- P- N- R’- NN

| R’ | R’ | - | R’ | - | - | R’ | R’ | - | - | N | - | - | - |
|---|---|---|---|---|---|---|---|---|---|---|---|---|---|
| j | n | - | m | - | - | si | ra | - | - | no | - | - | - |
| P | - | G | P | - | - | N | R’ | - | - | N | - | - | - |
| an | - | t | na | - | - | s | va | - | - | ra | - | - | - |
| R’ | - | - | R’ | - | - | R’ | R’ | G’ | R’ | N | - | N | N |
| san | - | - | jh | - | - | p | ri | - | - | - | - | d | h |
| P | G | - | - | - | P | N | R’ | N | - | N | - | - | - |
| di | s | - | - | - | an | dhi | ya | - | - | ra | - | - | - |
| N | N | - | R’ | - | N | R’ | R’ | M*’ | G’ | G’ | - | - | N |
| k | h | - | - | - | r | vi | da | - | - | s | - | - | ni |
| N | - | - | R’ | R’ | - | R’ | R’ | - | - | N | - | - | - |
| da | - | - | n | - | - | di | va | - | - | ne | - | - | - |
| N | - | - | R’ | R’ | N | R’ | R’ | M*’ | G’ | G’ | - | - | N |
| che | - | - | t | - | s | - | na | - | - | hi | - | - | duni |
| N | - | - | R’ | - | R’ | R’ | R’ | - | - | N | - | - | - |
| ya | - | - | - | - | a | n | kha | - | - | ne | - | - | - |
| N | - | - | D | N | R’ | N | D | - | - | D | - | - | G |
| che | - | - | t | - | - | s | na | - | - | hi | - | - | duni |
| G | - | - | M* | - | N | N | P | M* | - | P | - | G | - |
| ya | - | - | - | - | a | n | kha | - | - | ne | - | - | - |

| N | - | - | D | N | R’ | - | D | - | - | D | - | G | - |
|---|---|---|---|---|---|---|---|---|---|---|---|---|---|
| kya | - | - | tu | - | - | - | so | - | - | ya | - | - | - |
| | | | | | | | | | | | | | |
| G | - | - | M* | - | - | N | P | - | M* | P | - | G | - |
| ja | - | - | g | - | - | i | ya | - | - | na | - | - | - |

# 11. MAI MAIN DHAN PAYO HARI NAM

Sabad Guru Teg Bahadur Ji
Taal: Kaharwa

Singer: Bhai Sohan Singh Rasia
Chord: RMD PNR’ S=C#

https://youtu.be/5cinYoKuLVU Nupur Audio

basantu mahla 9

maee main dhan paiyo har naamu
manu mero dhaawan te chhutio kari baitho bisraam

maaiya mamta tan te bhaagi upajio nirmal giyanu
lobh moh eh parasi n saakai gahi bhagati bhagwaan

janam janam ka sansa chuka ratanu naamu jab paaiyaa
trisna sakal binasi man te nij sukh maahi samaaiya

ja kau hot daiyalu kirpa nidhi so govind gun gavai
kahu naanak ih bidhi ki sampai kou gurmukhi paavai

## MAI MAIN DHAN PAYO HARI NAM

| dha | ge | n | ti | n | ke | dhi | n | dha | ge | n | ti | n | ke | dhi | n |
|---|---|---|---|---|---|---|---|---|---|---|---|---|---|---|---|
| 1 | 2 | 3 | 4 | 5 | 6 | 7 | 8 | 1 | 2 | 3 | 4 | 5 | 6 | 7 | 8 |

RG RS G GMPM GR R-
maii mai- dhnu paio- hri namu

RGP GRS GG GMPM GR R-
maii- mai- - dhnu paio- hri namu

DP PMG GMPM G RRR NN NS'R'S' NDD-
mnu me-ro dha-vn te chhutio kri bai-tho- bisramu

GG GMPM GRR-
kri bai-tho- bisramu

interlude: sitar :
RGM- MRG- RS.N- MGR-
RGM- GMP- MPD- DPD- PMP-G
DD-P MP-P D—

P D S'NS'D PP D S'NS'D R' R' R' R' NNS'G' R'---
maiaa mmta- tn te bha-gi- upjio nirml giaanu

R' R' R' R' NS'G'R' R'---
upjio nirml giaanu

P P D D PPS'D M-- GPR
upjio nirml giaa--nu

PD S'N S'D PPD D S'NS'D R'R' NS'S' G'R'R'-
lobh moh eh prsi n sa-kai- ghi bhgti bhgvan

DD PPP DDM--GPR
ghi bhgti bhgva---- n

PPD DS'N S'D PD S'NS'D R'R'R' R'NS' G'R' R' R'
jnm jnm ka- snsa chu-ka- rtnu na-mu jb paiaa

PPD DPD S'D M---GPR
rtnu na-mu jb pa—iaa-

PPD S'NS'D PPD S'N S'D R'R' R'R' NS'G' R' R' R'
trisna skl- binasi mn te- nij sukh ma-hi smaiaa

PP DD DPS' DM – GPR
nij sukh ma-hi sma—iaa-

P D S'NS'D P PD D S'N S'D R' R'NS' G'R' R'R'
ja ku ho-t- diaalu kir pa- nidhi so gobind gun gavai

| P | DS'N | S'D | PP | D | S'NS'D | R'R' | NS'G'R' | R'R' |
|---|---|---|---|---|---|---|---|---|
| khu | nank | ih | bidhi | kii | sn—pai-- | kou | gurmukhi | pavai |

| PD | PDS'D | M—GPR |
|---|---|---|
| kou | gurmukhi | pa----vai- |

# 12. MAIN ANDHULE KI TEK

Sabad Naamdev Ji
Taal: Daadra

Singer: Bhai Harjinder Singh Shri Nagar wale
Chord: RMD S=C#

https://youtu.be/l-hxhcQYd9Y

main andhule ki tek tera naam khundkara
main gareeb main maskeen, tera naam hai aadhaara
kareema raheema, allah tu gani
haazraa huzur, dar pesh tu mani, dar pesh tu mani
dariyav tu dihand tu, bisi aar tu dhani
dehi lehi ek tu, digar ko nahin, digar ko nahin
tu daana tu beena, main bichaar kya kari
name che swami, bakshand tu hari, bakshand tu hari

# MAIN ANDHULE KI TEK

| dha | dhi | na | dha | tu | na | dha | dhi | na | dha | tu | na |
|---|---|---|---|---|---|---|---|---|---|---|---|
| 1 | 2 | 3 | 4 | 5 | 6 | 1 | 2 | 3 | 4 | 5 | 6 |

R D DD DN̲DN̲ PDPN̲DPMG
mai andhle kii....... te........... k

RS GPP D R'N̲DPD
tera nam khundkara

G GRR S RRRR
mai grib mai mskiin

RR G PP D R'N̲DPD
tera na - m hai aadha--ra

P PDN̲D N̲R'S'G'R'
krima rhima

D M'G' R' R'G'R'S'N̲S'D
allah tu gni-------------

P DN̲D N̲R'S'G'R'
hazra- hju----r

D DM'G'M'G' R' R'G'R'S'N̲S'D
dr pesh tu mni

P PP DPD PMRGGR
dr pesh tu-- mni -----

DDPD N̲ S'R'S'G' R'
driyav tu dihnd tu

DDDM'G'M'G'R' R' R'G'R'S'N̲S'D
bisiaar tu dhani

PD N̲S' R'S'G' R'
dehi lehi e k tu

DDM’ R’ R’R’G’R’S’NS’D
digr ko nhi

DP DPD PMRGGR
digr ko nhi

D PDND N R’S’G’R’
tu dana tu bina

DM’G’M’G’ R’R’R’ G’R’ S’NS’D
mai bichar kya kari

PDND N R’S’G’R’
name che swami

DDDM’G’M’G’R’ R’ R’G’R’S’NS’D
bkshnd tu hari

DDPP DPD PMRGGR
bkshnd tu hari

# 13. MERE SAHIB MERE SAHIB

Film: Naanak Naam Jahaaz hai (1969)    Music: S. Mohinder
Sabad    Singer: Asha Bhonsle
Taal: Daadra    Chord: SGP    S=D
https://www.youtube.com/watch?v=_QlqyhWHP6s

mahla 5 ghar 7 (bani guru arjun dev ji)
aa................
mere saahib mere saahib, tu main maan nimaani
ardaas kari prabh apne aage, suni suni jeevaan teri baani

tudhu chiti aaye maha aananda, jisu bisrahi so mari jaaye
daiyalu hovahi jisu upari karte, so tudhu sadaa dhiyaye

charan dhuuli tere jan ki hovan, tere darsan kau bali jaaee
amrit bachan ridai uri dhaari, tau kirpa te sangu paaee

antar ki gati tudhu pahi saari, tudhu jevadu avaru na koee
jis nu laai lehi so laage, bhagatu tuhara soee

dui kar jori maangau iku dana, sahib tutthe paavaan
saansi saansi naanaku aaraadhai, aath pahar gun gaavaan

Vinod Kumar

# MERE SAHIB MERE SAHIB

| dha 1 | dhi 2 | na 3 | dha 4 | tu 5 | na 6 | dha 1 | dhi 2 | na 3 | dha 4 | tu 5 | na 6 |
|---|---|---|---|---|---|---|---|---|---|---|---|

P-P S'N R'S' P D- P M-
aa----------------------

MD--- N D P G M P – R G – R S –
aa---------------------------------

SR MGG SR .NSS
mere sahib mere sahib

P D M R RGM G G P M S GRR S
tu mai man ni ma- ni tu mai man ni ma—ni

PDS'-P DS' G GGG RRS
ardasi kri prbh apne aage-

G GG PP DN PDP
suni suni jiva teri bani

RR RR GG PP MG-R-S
suni suni jiva teri bani-----

SR MGG SR .NSS
mere sahib mere sahib

S'S' PD S'S' GG PRRS
tudhu chiti aae mha aannda-

G GG P DN PDP
jisu visrhi so mri jae

DS'P DS' G GGP R RS
diaalu hovhi jisu upri krte-

G GG PD N P DP-GR
so tudhu sda dhiaae------

R RR GM PMG-RS
so tudhu sda dhiaae----

SR MGG SR .NSS
mere sahib mere sahib

S'S' S'S' S'S' N D DN-DP
chrn dhuli tere jan kii hova---

PP P D P M MP
tere drsn ku bali jaii

S'S' S'S' S'N D DN-DP
amrit bchn ridai uri dhari----

P P D P M MP
tu kirpa te sngu paii

SR MGG SR .NSS
mere sahib mere sahib

G'G' G' G'G' R' R'S' S'R'-S'N
antr kii gti tudhu phi sari-----

NN S'S'N DDN N S'S'
tudhu jevdu avru n koii

S' S' S'S' S'N D DDN-DP
jis nu lai laihi so lage------

PPD PMM MP-MGR
bhgtu tuhara soii-----

RRR RGMP MG-R-S
bhgtu tuhara soii-----

SR MGG SR .NSS
mere sahib mere sahib

S' PD S'S' GG GP RR
duii kr jodi mangu iku dana

GGG PDN PDP
sahib tuthai- pava-

S'P DS'S' GG GPRRS
saansi saan-si nanku aa-radhe-

GG GP DN PDP- MGR
aath phr gun gava--------

RR RG PP MG-R-S
aath phr gun gava-----

SR MGG SR .NSS
mere sahib mere sahib

# 14. MITR PIYARE NU

Sabad Gurugranth Saaheb
Film: Naanak Naam Jahaaz hai (1969 )
Taal: Kaharwa
https://youtu.be/1zKx_5J-ZHI

Music: S. Mohinder
Singer: Md. Rafi
Chord: RPN S=C#

mitr piyare nu, haalu mureedaan da kahina

tudhu binu rogu rajaaiyaan da odhan
naag nivaasaan de rahnaa

suul suraahi khanjar piyala
bing kasaaiyaan da sahina

yarade da saanu satthar changa
bhath khediyaan da rahna

# MITR PIYARE NU

| dha | ge | n | ti | n | ke | dhi | n | dha | ge | n | ti | n | ke | dhi | n |
|---|---|---|---|---|---|---|---|---|---|---|---|---|---|---|---|
| 1 | 2 | 3 | 4 | 5 | 6 | 7 | 8 | 1 | 2 | 3 | 4 | 5 | 6 | 7 | 8 |

RRM P PNP M G DD S'S'R'N N P DND--P —MG
mitr piaa--- re nu , halu muri-da da khi- -----na -----

interlude:
DN DN P D P
PD S'R' R' S'N D P
P'M' G'R' S'N DP MN
D R' [P]M G

NN NN DPD S'S'G'G' G' R'M'G'G'
tudhu binu ro-gu rjaiiaa da o-dhn,

G'P'P' P' M' R' G' M'[P'] G'-- S'--N
na-g niva-san de rhna--------

NN N NR'S'R'N N NM PNDNP
nag ni va----san de rh—na-----

RRM P PNP M G DD S'S'R'N N P DND--P —MG
mitr piaa--- re nu , halu muri-da da khi- -----na -----

interlude:
N- D- P D P –
RMG RMPDNP MPDNS'D DS'R'G'M'-- R'M'P'D'N'-
R' M' P' D' N'-
N M'- M'G'R'S'NDPM NP
PNS'R'G'-
G'G' R'S'NS'N G'G'G' G'NS'N

G'G' R' S'NS'N G'G'G' R'S'NS'N
sul sura---hi-- khnjr piaa-la-,

G'G' G'G'—M' P' M'—G' S' N
bing ksaiiaa da sahina

NN NN R'S'R' N N NM PNDN P--
bing ksaii----aa da shi-na------ mitr piaare nu

interlude:
DN DN P D P
PD S'R' R' S'N D P
P'M' G'R' S'N DP MN
D R' $^{P}$M G

NNN DPDP DS' G'G'G' R'M'G'-S'
yarde da---- sanu stthr chn-ga--,

NNN DPDP DS' G'G'G' R'M'G'-S'
yarde da---- sanu stthr chn-ga--,

G'P' P'P'M' R'G' M'—G'---$^{R'}$S' N
bhth khediaa da rhna -----

NN NN NR'S'R' N N-M PND- P
bhth khediaa- da rh- na------ mitr piaare nu

# 15. MU LALAN SAU PREET BANI

Taal: Kaharwa Chord: GPN S=C#
https://youtu.be/87URm2Ms1EU
Bhai Harjinder Singh ji Shri Nagar Wale

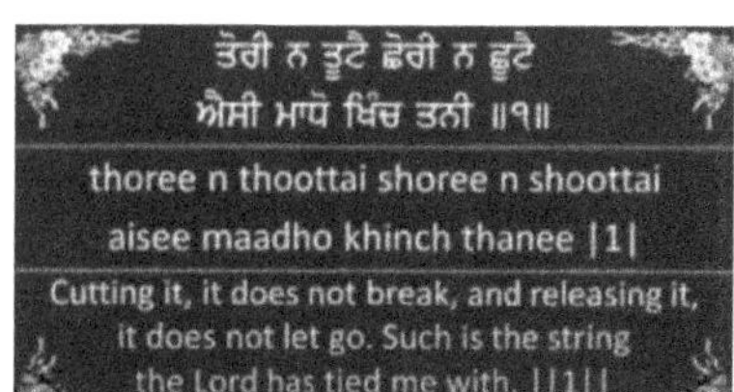


mu lalan siyon preet bani

tori na tutte chhori na chhuttai, aisii madho khinch tani
divas rain man maahi basat hai, tu kar kirpa prabh apni

bal bal jaaun shyam sunder ko, akath kathaa jaaki baat sunii
jan nanak daasan daas kahiyat hai, mohi karahu kirpa thakur apni

# MU LALAN SAU PREET BANI

| dhin | - | na | dhin | - | na | tin | - | dhin | - | na | dhin | - | na | tin | - |
|---|---|---|---|---|---|---|---|---|---|---|---|---|---|---|---|
| 1 | 2 | 3 | 4 | 5 | 6 | 7 | 8 | 1 | 2 | 3 | 4 | 5 | 6 | 7 | 8 |
|  | N | D | P | P | P | P | - | M | - | -R | G | P | - | - | - |
|  | mu | - | la | l | n | so | - | pri | - | -t | b | ni | - | - | - |
| - | N | D | P | P | P | P | - | M | - | -R | G | N | P | - | - |
| - | mu | - | la | l | n | so | - | pri | - | -t | b | ni | - | - | - |
| P | - | -D | N | N | D | D | P | P | - | -D | N | N | D | D | P |
| to | - | -ri | n | tu | - | tai | - | chho | - | -ri | n | chhu | - | te | - |
| - | P | D | D | P | D | P | M | P | - | -D | D | D | - | - | - |
| - | ae | - | si | ma | - | dho | - | khin | - | -ch | t | ni | - | - | - |
|  | N | D | P | P | P | P | - | M | - | -R | G | P | - | - | - |
|  | mu | - | la | l | n | so | - | pri | - | -t | b | ni | - | - | - |
| - | N | D | P | P | P | P | - | M | - | -R | G | N | P | - | - |
| - | mu | - | la | l | n | so | - | pri | - | -t | b | ni | - | - | - |
| R’S’ | -G’ | - | R’ | - | R’ | S’ | N | R’S’ | -G’ | - | R’ | R’ | R’ | R’ | - |
| div | -s | - | rai | - | n | m | n | ma- | -hi | - | b | s | t | hai | - |
| - | R’ | -R’ | -S’ | N | D | D | - | P | D | M | P | D | - | - | - |
| - | tu | -k | -r | ki | r | pa | - | pr | bh | a | p | ni | - | - | - |
| - | R’ | -R’ | -S’ | N | D | P | - | M | P | M | D | P | - | - | - |
| - | tu | -k | -r | ki | r | pa | - | pr | bh | a | p | ni | - | - | - |
| R’S’ | -G’ | - | R’ | R’ | - | S’ | N | R’S’ | - | G’ | R’ | R’ | R’ | R’ | - |
| bl | -b | - | l | ja | - | un | - | shya | - | m | sun | d | r | ko | - |
| P | P | R’ | S’ | N | - | D | D | P | D | M | P | D | - | - | - |
| a | k | th | k | tha | - | ja | kii | ba | - | t | su | ni | - | - | - |
| P | P | R’ | S’ | N | - | D | D | M | P | M | D | P | - | - | - |
| a | k | th | k | tha | - | ja | kii | ba | - | t | su | ni | - | - | - |
| R’S’ | -S’ | G’ | R’R’ | S’ | - | D | N | R’ | - | S’ | S’G’ | R’ | R’ | R’ | - |
| jn | -na | - | nk | da | - | s | n | da | - | s | khi | y | t | hai | - |

| | | | | | | | | | | | | | | | |
|---|---|---|---|---|---|---|---|---|---|---|---|---|---|---|---|
| PP | -P | R' | R'S' | N | D | P | - | P | D | M | P | D | - | - | - |
| mohe | -k | ro | kir | pa | - | tha | - | ku | r | a | p | ni | - | - | - |
| PP | -P | R' | R'S' | N | D | P | - | M | P | M | D | P | - | - | - |
| mohe | -k | ro | kir | pa | - | tha | - | ku | r | a | p | ni | - | - | - |

# 16. SAB SUKH DATA RAM HAI

Taal: Kaharwa Chord: SGP S=D#

https://youtu.be/ztyhlpnRuFU

Bhai Jabartor Singh ji

sab sukh data ram hai,dusar naahin koi

kahu naanak suni re manaa the simrat gati hoy

sukh dukh jeh parse nahin lobh moh abhimaan

kahu naanak suni re manaa so murat bhagwaan

jo sukh ko chaahe sadaa saran ram ki leh

kahu naanak suni re mana durlabh maanakh deh

sukh me bahu sangi bhaye dukh me sang na koy

kahu naanak hari bhaj manaa ant sahaayi hoy

jatan bahut sukh ke kiye dukh ko kiyo na koy

kahu naanak suni re manaa hari bhave so hoy

# SAB SUKH DATA RAM HAI

| dha | tit | tin | tin | tk | tit | dhin | dhin | dha | tit | tin | tin | tk | tit | dhin | dhin |
|---|---|---|---|---|---|---|---|---|---|---|---|---|---|---|---|
| 1 | 2 | 3 | 4 | 5 | 6 | 7 | 8 | 1 | 2 | 3 | 4 | 5 | 6 | 7 | 8 |
| | SR | R | R | R | G | R | S | - | R | G | R | G | - | D | G |
| | sb | su | kh | da | - | ta | - | - | ra | - | m | hai | - | - | - |
| - | G | D | P | G | R | G | S | R | - | G | - | R | - | - | - |
| - | du | s | r | na | - | hi | n | ko | - | - | - | e | - | - | - |
| - | D | D | - | P | D | G | P | - | P | D | P | D | - | D | G |
| - | khu | na | - | n | k | su | n | - | re | - | m | na | - | - | - |
| - | GD | D | P | G | R | G | S | R | - | G | - | R | - | - | - |
| - | teh | si | m | r | t | g | t | ho | - | - | - | e | - | - | - |
| - | DD | D | D | P | D | G | P | - | P | D | P | D | - | D | G |
| - | sukh | du | kh | je | h | p | r | - | se | - | n | hi | - | - | - |
| - | D | D | P | G | R | G | S | R | - | G | - | R | - | - | - |
| - | lo | bh | mo | - | h | a | bhi | ma | - | - | - | n | - | - | - |
| - | DD | D | - | P | D | G | P | - | P | D | P | D | - | D | G |
| - | khu | na | - | n | k | su | n | - | re | - | m | na | - | - | - |
| - | GD | D | P | G | R | G | S | R | - | G | - | R | - | - | - |
| - | so- | mu | - | r | t | bh | g | va | - | - | - | n | - | - | - |
| - | D | D | D | P | D | G | P | - | P | D | P | D | - | D | G |
| - | jo | su | kh | ko | - | cha | - | - | he | - | s | da | - | - | - |
| - | GD | D | P | G | R | G | S | R | - | G | - | R | - | - | - |
| - | sr | n | ra | - | m | kii | - | le | - | - | - | h | - | - | - |
| - | D | D | - | P | D | G | P | - | P | D | P | D | - | D | G |
| - | khu | na | - | n | k | su | n | - | re | - | m | na | - | - | - |
| - | GD | D | P | G | R | G | S | R | - | G | - | R | - | - | - |
| - | dur | l | bh | ma | - | n | kh | de | - | - | - | h | - | - | - |

# 17. TU JANAT MAIN KICHHU NAHI

Sabad: Bhagat Ravidas Ji
Singer: Bhai Harjinder Singh Ji
Taal: Kaharwa
Chord: GPN S=C#
https://youtu.be/hya0IgiDoRc
Bhai Harjinder Singh Ji

tu jaanat main kichhu nahin bhav khandan ram
sagal jeev sarnaagati prabh puran kaam

daaridu dekhi sabh ko hanse aisii dasaa hamaari
ashtdasa sidhi kar tale sabh kripa tumaari

jo teri sarnaagta tin naahi bhaaru
unch neech tumte tare aalaju sansaaru

kahi ravidaas akath katha bahu kaai karijai
jaisa tu taisa tuhi kya upma diijai

# TU JANAT MAIN KICHHU NAHI

| dha | ge | n | ti | n | ke | dhi | n | dha | ge | n | ti | n | ke | dhi | n |
|---|---|---|---|---|---|---|---|---|---|---|---|---|---|---|---|
| 1 | 2 | 3 | 4 | 5 | 6 | 7 | 8 | 1 | 2 | 3 | 4 | 5 | 6 | 7 | 8 |
|  | G | - | G | G | M* | P | - | - | G | M* | G | R | - | P | P |
|  | tu | - | ja | n | t | mai | - | - | ki | chhu | n | hi | - | bh | v |
| M* | - | G | R | G | - | - | - | N | - | P | D | N | - | - | - |
| khn | - | d | n | ra | - | - | m | music for playing further |  |  |  |  |  |  | - |
| - | N | N | N | N | R' | R' | N | N | R' | - | D | D | - | R' | R' |
| - | sg | l | ji | - | - | - | a | sr | na | - | g | ti | - | pr | bh |
| R' | - | D | D | N | - | - | - |  |  |  |  |  |  |  |  |
| pu | - | r | n | ka | - | - | m |  |  |  |  |  |  |  |  |
| - | N | N | N | N | R' | R' | N | N | R' | - | D | D | - | R' | R' |
| - | sg | l | ji | - | - | - | a | sr | na | - | g | ti | - | pr | bh |
| R' | - | D | D | N | - | P | M* | G | G | - | G | G | M* | P | - |
| pu | - | r | n | ka | - | - | - | m | tu | - | ja | n | t | mai | - |
| - | G | M* | G | R | - | P | P | M* | - | G | R | G | - | - | - |
| - | ki | chhu | n | hi | - | bh | v | khn | - | d | n | ra | - | - | m |
|  | N | N | N | N | R' | R' | - | N | R' | - | N | D | - | - | - |
|  | da | ri | d | de | - | kh | - | sb | ko | - | hn | se | - | - | - |
| R' | - | R' |  | R' | N | R' | D | N | - | N |  |  |  |  |  |
| ae | - | si | - | d | sha | - | h | ma | - | ri | - | - | - | - | - |
| - | N | N | N | N | R' | R' | R' | N | R' | R' | N | D | - | - | - |
| - | ash | t | d | sha | - | si | ddh | - | k | r | t | lai | - | - | - |
| - | - | R' | R' | R' | R' | - | D | N | - | N | - | - | - | - | - |
| - | - | s | b | kir | pa | - | tum | ha | - | ri | - | - | - | - | - |
| - | G | G | G | G | M* | P | P | - | G | M* | G | R | - | P | P |
| - | ash | t | d | sha | - | si | ddh | - | k | r | t | lai | - | s | b |
| M* | M* | - | R | G | - | G | - | - | G | - | G | G | M* | P | - |
| kri | pa | - | tum | ha | - | ri | - | - | tu | - | ja | n | t | mai | - |

| | | | | | | | | | | | | | | | |
|---|---|---|---|---|---|---|---|---|---|---|---|---|---|---|---|
| - | G | M* | G | R | - | P | P | M* | - | G | R | G | - | - | - |
| - | ki | chhu | n | hi | - | bh | v | khn | - | d | n | ra | - | - | m |

music: G M* P M* G M* G R, G M* P M* G - - -
G M* P M* G M* G R, G D P M* G - - -
N R' R' N R' D N, N R' R' N R' D N-
M* G M* D P M* G , M* G M* D P M* G

| | | | | | | | | | | | | | | | |
|---|---|---|---|---|---|---|---|---|---|---|---|---|---|---|---|
| | N | - | N | N | R' | R' | - | N | R' | - | N | D | - | - | - |
| | jo | - | te | ri | - | - | - | shr | na | - | g | ta | - | - | - |
| G | M* | P | D | N | - | R' | R' | R' | - | D | - | N | - | - | - |
| - | - | - | - | - | - | ti | n | na | - | hi | - | bha | - | - | r |
| - | N | N | N | - | R' | R' | R' | - | R' | - | N | D | - | - | - |
| - | un | ch | ni | - | ch | tu | m | - | te | - | t | re | - | - | - |
| - | - | - | - | - | - | R' | - | R' | R' | D | - | N | - | - | - |
| - | - | - | - | - | - | aa | - | l | j | sn | - | sa | - | - | r |
| - | G | G | G | - | M* | P | - | - | M* | - | G | R | - | P | - |
| - | un | ch | ni | - | ch | tu | m | - | te | - | t | re | - | aa | - |
| M* | M* | R | - | M* | - | - | - | - | G | - | G | G | M* | P | - |
| l | j | sn | - | sa | - | - | r | - | tu | - | ja | n | t | mai | - |
| - | G | M* | G | R | - | P | P | M* | - | G | R | G | - | - | - |
| - | ki | chhu | n | hi | - | bh | v | khn | - | d | n | ra | - | - | m |
| | N | N | N | N | R' | R' | - | N | N | R' | N | D | - | - | - |
| | kh | r | vi | da | - | s | - | a | k | th | k | tha | - | - | - |
| G | M* | P | D | N | - | R' | R' | R' | - | D | D | N | - | N | - |
| - | - | - | - | - | - | b | hu | ka | - | e | k | ri | - | jai | - |
| - | N | - | N | N | R' | R' | - | N | N | R' | N | D | - | - | - |
| - | jai | - | sa | tu | - | - | - | tai | sa | - | tu | hi | - | - | - |
| G | M* | P | D | N | - | R' | - | R' | R' | D | - | N | - | N | - |
| - | - | - | - | - | - | kya | - | u | p | ma | - | di | - | jai | - |
| - | G | - | G | G | M* | P | - | G | G | M* | G | R | - | P | - |
| - | jai | - | sa | tu | - | - | - | tai | sa | - | tu | hi | - | kya | - |

| | | | | | | | | | | | | | | | |
|---|---|---|---|---|---|---|---|---|---|---|---|---|---|---|---|
| M* | M* | R | - | G | - | G | - | - | G | - | G | G | M* | P | - |
| u | p | ma | - | di | - | jai | - | - | tu | - | ja | n | t | mai | - |
| - | G | M* | G | R | - | P | P | M* | - | G | R | G | - | - | - |
| - | ki | chhu | n | hi | - | bh | v | khn | - | d | n | ra | - | - | m |

# 18. TU PRABH DATA, DANMAT PURA

Film: Halla Bol (2008)
Singer: Sukhvinder Singh
Lyrics: Sabad Gurubani
Chord: MDS' S=C#
Taal: Bhajani Theka
https://www.youtube.com/watch?v=Ogw9dDVEzlQ

satnaam shri waheguru
tu prabh data, daan mat pura, ham thaare bhikhari jiyo
main kya maangu kichh thir na rahaayi, har deejai naam piyari jiyo
tu prabh data.....

ghat ghat rav rahya banvaari, jal thal mahi al gupto vare,
guru shabdi dekh nihaari jiio,
tu prabh data.....

marat pyal, aakaash dikhayo, guru satgur kirpa dhaari jiyo
so brahm ajoni hai bhi honi, ghat bhiitar dekh murari jiyo
tu prabh data.....

janm maran ko, eho jag bapdo, in duje bhagat visari jiyo
satguru mile ta gurmat paaiye, saakat baaji haarii jiyo
tu prabh data.....

satguru bandhan tod niraare, bahor naa garbh manjhaari jiyo
naanak gyan ratan pargaasyaa, har man vasya nirankaari jiyo
main kya maangun... tu prabh data... satnaam waaheguru....

Vinod Kumar

# TU PRABH DATA, DANMAT PURA

| dhin 1 | - 2 | n 3 | dhin 4 | - 5 | dhi 6 | n 7 | n 8 | dhin 9 | - 10 | n 11 | tin 12 | - 13 | ti 14 | n 15 | n 16 |
|---|---|---|---|---|---|---|---|---|---|---|---|---|---|---|---|

PM M M PPMM P D D P M
stnam sri vaheguru------------- ,

D DP MM MM PM G---R
tu prbh data, dan mt pu--ra,

R P PDS' P DP GP M
hm thare----, bhikhari jio,

D DP D—M- MM M P MG R
mai kya man--gu- kichhu thir na rha ii,

R GPP D---PDS' DP D GPM
hr di-jai na--- ---m pya-ri ji-o

D DP DM
tu prbh data...

S'DN S'----S' S'S' NS' DNNS'S'
ght--- gh------t rm rhya bnva---ri,

NS' DN NS' S'S'S' NS'DN S' S'S'
jl- thl m -- hial gupto- v-rtai,

G P P DS' PDP GP M
guru shbdi dekh nihari jio,

D DP MM
tu prbh data..

NS'D NNS'S' S'NS'D NNS'S'
mrt pya---l, aaka-sh dikha-yo,

N NNNS' DDP DD M M
guru stgur kirpa dhari jio,

N S'D NS'S' NS' DN S'G'R'G'S'
so brmh ajoni hai- bhi- ho-----ni,

NN NNS' NDP PDD MM
ght bhitr de-kh murari jio,

D D DDDM
mai kya man--gu,..

NS'D NS'S' S' NS' DN NS'S'
jnm- mrn ko, eh jg bapuron,

N NS' DDP PDPD M M
in dujai bhgt visa-ri jio,

NS'DN S'S' S' NS'DN S'G'R'G'S'
stguru milai ta gurmt pa---iye,

NNS' DP DPD M M
sakt baji ha-ri jio,

D D DDDM
mai kya man--gu,

NS'DN S'S' NS'D NS'S'
stguru bndhn tod nirare,

NNN S' DDP P DD MM
bhor na grbh manjhari jio,

S'DN S'S' NS'D MDS'S'S'
nank gyan rtn prgasya,

N NS' D DP P DD M M
hr mn vsya nirnkari jio,

DP D MM
mai kya mangu...

MMM MMM PPPD MMRG
stnam stnam vaheguru vaheguru -2

# 19. ADDI RAT PAHAR DE TADKE

Taal: Kaharwa

Singer: Jagjit Singh
Chord: SGD GPN S=C#

https://youtu.be/geFqGQXBIPo

gazal
addi raat pahar de tadke, akkh vich unidaan radke

laahi lasi sekan desi, vekh leya main jugnu phad ke

apna kamra jhadan lagda, dur kite jad kunda khadke

jo gal taitthon kah na hoyi, o mere vi dil vich radke

sikhad dupahari kal ik raahi, dig payaa apni chhaan vich vadke

jaan rahi naa tere vajo, nabz taan challe dil vi dhadke

# ADDI RAT PAHAR DE TADKE

| dha<br>1 | ge<br>2 | n<br>3 | ti<br>4 | n<br>5 | ke<br>6 | dhi<br>7 | n<br>8 | dha<br>1 | ge<br>2 | n<br>3 | ti<br>4 | n<br>5 | ke<br>6 | dhi<br>7 | n<br>8 |
|---|---|---|---|---|---|---|---|---|---|---|---|---|---|---|---|

prelude:
D – N – R' ---- D – N – R' ----
MG GR RS S.N .N.D .N.D---

GGM PGM RGS R.N M-G
addi- ra-t phr de- trke

DD DD PNP M-G
akkh vich uninda rrke

interlude:
GM PG MGR- GR-
GM PM DMG- MG

DD DN—DM M*PD M G
lahi lasi ---- sekn desi

DD DD D NNP M G
vekh laiya mai jugnu fr ke

interlude:
MG MG MD ND ND NS'
ND DP PM MG RG- MG

GGRS SSPM* M*PD MMG
apna- kmra-- jharn lgda

DD DD DPN NP M G
dur kite jd- kunda khrke

interlude:
GM PG MGR- GR-
GM PM DMG- MG

D D DN-P M*P D MG
jo gl taitho-- kh na hoyi

D DD DPN N PP M G
o mere vi--- dil vich rrke

interlude:
MG MG MD ND ND NS'
ND DP PM MG RG- MG
G- MG DG G- MG DR
R- GR GR S.N SR RG MG

GGR SSPM* M*M* PD MG
sikhr duphri - kal ik rahi

DD DD DDDPN N PP M G
dig pya apni--- chhan vich vrke

interlude:
MG MG MD ND ND NS'
ND DP PM MG RG- MG

DD PD N M*PD M G
jan rhi na tere- vajo

DDD D DDPN N P M G
nbj ta chlle-- dil vi dhrke

# 20. ANKHIYA NU RAIN DE

Taal: Kaharwa

Singer: Reshma
Chord: RMD S=C#

https://youtu.be/mQ6qZKVGuq0

ankhiyaan nu rain de ankhiyaan de kol kol
chan pardesiya bol bhanve na bol

vekhan da cha sannu mukh partavin na
nede nede vassin dhola dur dur jaavin na
dur da khyaal chhad bas ankhiyaan de kol kol
chan pardesiya bol bhanve na bol

murali baja ke jiiven, chad gaiyo raag ve
kanvi siva ke jiiven ban gayo jogi ve
dilaan nu na todin jiiven sajna nu na rol
chan pardesiya bol bhanve na bol

banda main shariyaan sach sarkaar diyaan
muddtaan de baad aaiyaan ghadiyaan pyar diiyaan
ik ik feri saari bani anmol ve
chan pardesiya bol bhanve na bol

Vinod Kumar

# ANKHIYA NU RAIN DE

| dha | ge | n | ti | n | ke | dhi | n | dha | ge | n | ti | n | ke | dhi | n |
|---|---|---|---|---|---|---|---|---|---|---|---|---|---|---|---|
| 1 | 2 | 3 | 4 | 5 | 6 | 7 | 8 | 1 | 2 | 3 | 4 | 5 | 6 | 7 | 8 |

SR.N S RR GR RPP P MRM MD
ankhiyaan nu rain de- ankhiyaan de kol kol

DN DN----DND PMRG MP MG R GR
chn pr-----desiya------- bol bhanve na bol

SR.N S RR GR
ankhiyaan nu rain de-

RRM P D DND-- DN DN---- DN D P M PD PM G
vekhn da cha sannu--- mukh pr----tavin na

DN DNP PD PM MP RG MP MG RR R
nede nede- vssi-- dhola-- dur dur javin na

SR .N SRR GR RP PPP P MRM MD
dur da khyal chhd bs ankhiyaan de kol kol

DN DN----DND PMRG MP MG R GR
chn pr-----desiya------- bol bhanve na bol

RRM PD D ND DN DN---- DN D P M PD PM G
murli bja ke jiven, chdh giyo ragve

DDN P PP DPM MPRG MP MG RR R
kanvi- siva ke--- jiven-- , bn gyo jogi ve

SR .N S RR GR RPP P RM MD
dila nu na todi jiven sjna nu na- rol

DN DN----DND PMRG MP MG R GR
chn pr-----desiya------- bol bhanve na bol

SR.N S RR GR
ankhiyaan nu rain de-

RR M PD--ND DN DN---- DN P D M G
bnda mai sahri-yaan- sch sr-----kar di yaan-----

DDNP P DPM MPG MPM GR- R R
muddta- de ba-d aaiyaan ghdiyaan pyar diyaan

SR .NS RR GR PP PPRM MD
ik ik feri sari bni anmol ve-

DN DN----DND PMRG MP MG R GR
chn pr-----desiya------- bol bhanve na bol

SR.N S RR GR
ankhiyaan nu rain de-

SR.N S RR GR
ankhiyaan nu rain de-

## 21. BAN KE BAHAANRA TE JAWANI SADI

Film: Guddi (1971 )
Music: Hansraj Bahal
Lyrics: Verma Malik
Singer: Suman Kalyanpur
Taal: Kaharwa
Chord: RMD S=C#
https://www.youtube.com/watch?v=nGEmdRbxqPg

ban ke bahaaraan te jawani sadi lut gayi
kise di na tutte rabba jiven sadi tut gayi

lai gaye tainnu vairi te kaleja mera dolya
mar jaane lokkan maithon pyar mera kho leya-2
jaalimaan de hatthon meri duniya ae lut gayi
kise di na tutte rabba jiven sadi tut gayi

chaudavin de channa rataan meriyaan haneriyaan
apne begaaneyaan ne ankhiyaan ne feriyaan-2
ankhiyaan to dur hoyon zindagi ae rus gayi
kise di na tutte rabba jiven sadi tut gayi

Vinod Kumar

# BAN KE BAHAANRA TE JAWANI SADI

| dha | ge | n | ti | n | ke | dhi | n | dha | ge | n | ti | n | ke | dhi | n |
|---|---|---|---|---|---|---|---|---|---|---|---|---|---|---|---|
| 1 | 2 | 3 | 4 | 5 | 6 | 7 | 8 | 1 | 2 | 3 | 4 | 5 | 6 | 7 | 8 |

GM PN NN S'DS' S' R'S'DPN NDP GG MDP-MG
bn ke- bha ra---- te jvani-- sadi- lut gyi------

MM P D MGM MM MP MG GG MDP-
kise di na tutte rbba jiven sadi tut gyi--

R' R' NR' S'S' S' NR'R' R'R' R'S' R'M'G'
lai ge tainnu vairi te kleja mera dolya---

R'R' NR' S'S' S'S' R'R' R'R' R' S'R'M'G'
mr jane lokka maitho pyar mera kho leya --

R'R' NR' S' S'S'
pyar mera kho leya

M'M'M' M' G'G' R'S'G' G'R'S' N DM PDN
jaliman de httho meri- duniya ae lut g-yi

MM P D MGM MM MP MG GG MDP-
kise di na tutte rbba jiven sadi tut gyi--

R'R'N R' S'S' S'S' R'R'R' R'R'-S'R'M'G'
chodvin de chnna rata meriyaan hneriyaan----

R'R'N R'S'S'S' S' R'R'R' R' R'-S'R'M'G'
apne beganeyaan ne ankhiyaan ne feriyaan–

R'R'N R' S'S'S'
ankhiyaan ne feriyaan

S'M'M' M' G'G' R'S'G' G'R'S' N DM PDN-
ankhiyaan to dur hoyo- zindgi ae rus g-yi-

# 22. BHATTHI WALIYE

Lyrics: Shiv Batalvi    Singer: Asa Singh Mastana
Taal: Kaharwa    Chord: RMD MDS'    S=C#
https://www.youtube.com/watch?v=fJd860GU3u8

aa…….. aa ha aa aa
tainnu deyaan hanjuaan da pada, peedaan da paraga bhun de
o bhatthi waliye
o bhatthi waliye chambe diye daaliye -2
peedaan da paraga bhun de, o bhatthi waliye
o bhatthi waliye

ho gayaa k vela mainnu dhal gaiyaan chhaavan ni
veleyaan chon mud aaiyaan majjiyaan te gavaan ni
paya chidiyaan ne cheek chihada
peedaan da paraga bhun de, o bhatthi waliye
o bhatthi waliye

chheti chheti karin main taan-2 jaana badi dur ni
jitthe mere haaniyaan da dur gaya puur ni
os pind da sunindaraan mada
peedaan da paraga bhun de, o bhatthi waliye
o bhatthi waliye

saun gaiyaan havaanvaan ro ro -2 ghar var lapni
taareyaan nu chad gaya mittha mittha taap ni
janj saanvaan di da rus gaya nada -2
peedaan da paraga bhun de, o bhatthi waliye
o bhatthi waliye

Vinod Kumar

meri vaari patteyaan di pand silli ho gayi
nikki jayi kadahi teri kaannu bhilli ho gayi
tere senk nun ki bajya dugaada
peedaan da paraga bhun de, o bhatthi waliye
o bhatthi waliye

# BHATTHI WALIYE

| dha | ge | n | ti | n | ke | dhi | n | dha | ge | n | ti | n | ke | dhi | n |
|---|---|---|---|---|---|---|---|---|---|---|---|---|---|---|---|
| 1 | 2 | 3 | 4 | 5 | 6 | 7 | 8 | 1 | 2 | 3 | 4 | 5 | 6 | 7 | 8 |

D ----- PD- M R D P M
aa----------- aa ha aa aa

DD PD DDPD M DPP MM P DPD PM MR
tennu deyaan hnjuaa da pa-da, pida da praga bhun de-

P PP M-P- MM
o bhtthi va— liye

S' S'S' S'R'S'N DD PM M- MPD
o bhtthi valiye- chmbe diye da-liye- -2

PD P MPD PM MR
pida da praga bhun de-

P PP M-P- MM- P PP M-MM
o bhtthi va—liye- o bhtthi va-liye

S' DS' S' R'R' G'G'----- R'S'
ho gya k vela mainnu

S' DS' S' R'R' G'G' S'S' S'S' NS'NS' D-
ho gya k vela mainnu dhl gaiyaan chha-va- ni-

S'S'S' S' R'S' NN D DP M MM GR
beleyaan chon mur aaiyaan mjjiyaan te gava ni

S'S' S'R'S' N DP MM- PD
paya chidiyaan ne chik chiha-da-

PD P MPD PM MR
pida da praga bhun de-

P PP M-P- MM P PP M-MM
o bhtthi va—liye- o bhtthi va-liye

S'D S'S' R'R' R' G' ---- M' G' M' R' S'
chheti chheti kri mai tan---------

S'D S'S' R'R' G' G' R'G' R'S' S'S' S'-
chheti chheti kri mai tan jana bdi dur ni-

S'S' S'S' R'- NN N DD PM MM GR
jitthe mere ha-niyaan da tur gya pur ni

S'S' S'R' S' DDDPM M-PD
os pind da sunndra- mada-

PD P MPD PM MR
pida da praga bhun de-

P PP M-P MMR P PP M-MM
o bhtthi va—liye- o bhtthi va-liye

S' DS' S'R'R' G' G'-------- R'S'G'S'
saun giiyaan hvava ro ro ---------

S' DS' S'R'R' G' G' --R'M'-R'S' S'S' S'S' S'S' S' D
saun gaiiyaan hvava ro ro---- ghr vr lap ni----

S' DS' S'R'R' G' G' G'G' R'S' S'S' S'D
saun gaiiyaan hvava ro ro---- ghr vr lap ni----

S'S'S' S' S'R' NN DD PP MM GMR
tareyaan nu chdh gya mittha mittha tap ni—

S'S' S'R' S' N DD PM M-PD<br>jnj sanva di da rus gya la-da- -2

PD P MPD PM MR<br>pida da praga bhun de-

P PP M-P MMR P PP M-MM<br>o bhtthi va—liye- o bhtthi va-liye

DD S'S' R'R'G' G' ---- R'G'R'-S'<br>meri vari ptteyaan di--------

S'D S'S' R'R'G' G' S'S' S'S' S' NDM<br>meri vari ptteyaan di pnd silli ho gyi-

S'S' S' S'R'S' NN DD PP M M GR<br>mitti di kdahi te-ri kannu bhilli ho gyi—

S'S' S'R' S' N DDP MM-PD<br>tere senk nu kii vjya duga-da-

PD P MPD PM MR<br>pida da praga bhun de-

P PP M-P MMR P PP M-MM<br>o bhtthi va—liye- o bhtthi va-liye

# 23. CHADHDE SURAJ DHALDE VEKHE

Taal: Kaharwa Chord: SGP S=C#

dukkhaan mainnu maar mukaya, sukhan da e kal ni maye
te zindadi maitthon nibhdi naahi, ik vaari fir paal ni maaye

chadhde suraj dhalde vekhe, bujjhe deeve balde vekhe
heere da koi mul na taare, khote sikke chalde vekhe

odi rahmat de naal bande, paani utte chalde vekhe
jinhaan da na jag te koi, o puttar vi palde vekhe

jinhaan kadar na kiti yar di, hath khaali o malde vekhe
loki kainde daal nai galdi, main te patthar galde vekhe

kai pairaan to nange firde, sir te labde chhaanvaan
mainu data sab kuchh ditta, kyon na shukar manaavaan

Vinod Kumar

# CHADHDE SURAJ DHALDE VEKHE

| dha | ge | n | ti | n | ke | dhi | n | dha | ge | n | ti | n | ke | dhi | n |
|---|---|---|---|---|---|---|---|---|---|---|---|---|---|---|---|
| 1 | 2 | 3 | 4 | 5 | 6 | 7 | 8 | 1 | 2 | 3 | 4 | 5 | 6 | 7 | 8 |

GG –MR GG –SRR---S—RR-S-- .D.N .NSS
dukkhan mainu -------------------- mar mukaya

SS.NM M RS.N RGM G RS
sukkhan da e kal ni mae

M MMP PNDN PM PDR'R' R'–-S'R'M'G'M'----RS'
te jinddi mai-----tho nibh-di na-------------- hi

R'R' S' ND PDR' S' S'S'
sukkhan da e -- kal ni mae

PPR' S'ND P M RGP M GRS-R-S-.N R M M R-S
ik vari fir pal ni ma-e---------- pa l ni ma-e

music: P N S' R' S' , G'---S' R'---S' N S' G' R' S' -x2

.NSRS .N.P.P .NRRS RMGM RS
chdhde surj dhlde ve-----khe----

PPM PNDN PMG GPP M–RS
bujjhe di-------ve-- blde ve—khe---

S'S' NS' DP PD S' DP
hire da- koi mul na tare

S'S' S'NR'S' DP PD S' MGRS
hire da------ koi mul na ta---re

.NSRS .N.P.P .NRRS RMGM RS
khote sikke chlde ve-----khe--

music: flute: G' ----S' R' – S' N S' R' S'

GGR GGRG .P .N.N SS
odi rhmt de nal bnde

GGR GGPP R MG RSRM
odi rhmt de nal bnde---

GGR GGRG .P .N.N SS
odi rhmt de nal bnde

S'S' G'R'S'N P ND PNDS'
odi rhmt de nal bn-de-

S'S' NS'DNP P S'N PMRS
odi rhmt de nal bnde----

.NSRS .N.P .NRRS RMGM RS
pa-ni- utte chlde ve----khe--

S'S'N S' DP PD S'N DPDS'
jinha da na- jg te- koii

S'S'N S' DP PD S'N DP
jinha da na- jg te- koii

G'G'R' G' R'S'N DD N S'—ND PDS'
jinha da na--- jg te ko—ii— ii---

S'S'N NG'R'S' DP PD S' PMRS
jinha da----- na- jg te ko---ii

.NS RS.N.N .P .NRRS RMGM RS
o- pu-ttr vi plde-- ve-----khe—

.NSRS .N.P.P .NRRS RMGM RS
chdhde surj dhlde ve----- khe—

music: flute: G' ----S' R' – S' N S' R' S'

S' S' R' S' N D P M P D N D S'
buleya.......

P P N N S' S' R' ----S' R' S' N D N P
buleya.......

Vinod Kumar

S'S'S'NM'G'    G'G'    R'R'R'    S'    S'R'N    NR'R'    R'
buleya    jinha    kdr    na    kiiti    yar    di

S'S'R' – S'DNDNDNS'
buleya...........................

R'R'    S'R'R'    S'    NS'NP    PDS'    N    DPPNDS'
jinha    kdr    na    kii-ti-    ya-r    di,    buleya

S'S'    NR'S'    N    DNDP    PDS'    N    PMRS
jinha    kdr    na    kii-ti-    ya-r    di,    buleya

.NS    RS.N    .P    .NRRS    RMGM RS
hth    kha-li    o    mlde-    ve------khe--  -2

PP    MPPNDN    PMG-P    PP    PM PS'N    DPMG    GDPM    M– RS
hth    kha----li-    o-    hth    kha-li----    o-    mlde    ve-khe

lokii kainde dal ni gldi, mai te ptthr glde vekhe
kii paira to nnge firde, sir te lbhde chhava
mainu data sb kuchh ditta, kyon na shukr mnava

# 24. CHANN KITHAN GUZARI AAI RAT

Punjabi Lok Geet
Taal: Kaharwa
https://youtu.be/x0Va68pBXO0

Singer: Surinder Kaur
Chord: SGP S=C#

chann kitthan guzari aayi
o chann kitthan guzari aayi raat ve
mainda ji dalilaan de vaat ve
o chann kitthan guzari aayi

kothe te fir kothada mahi kothe sukda gha bhalaa
aashiqaan jodiyaan paudiyaan te maashukaan jode rah bhalaa
o chann kitthan guzari aayi

kothe te fir kothada mahi kothe sukdi ret bhalaa
asaan gundhaaiyaan meendiyaan tu kise bahaane vekh zara
o chann kitthan guzari aayi

kothe te fir kothda maahi kothe te tandur bhalaa
pahli roti tu khavein to tende saathi nasde dur bhalaa
o chann kitthan guzari aayi

Vinod Kumar

# CHANN KITHAN GUZARI AAI RAT

| dha | ge | n | ti | n | ke | dhi | n | dha | ge | n | ti | n | ke | dhi | n |
|---|---|---|---|---|---|---|---|---|---|---|---|---|---|---|---|
| 1 | 2 | 3 | 4 | 5 | 6 | 7 | 8 | 1 | 2 | 3 | 4 | 5 | 6 | 7 | 8 |

prelude and interlude:
(SRRS RGGR GMMG GRRS
SRRS RGGR SR-- GR--) x2

(N ND DP PM
D DP PM MG
P PM MG GR
NDP GMR) x2

S.N SSR R R R R (DPMGR)
chnn kitha- gujari aaii

S S.N SSR R R R R MG M
o chnn kitha- gujari aaii rat ve

RGS RM MMPPD M MGG G
maidan- ji- dli-la- de va-t ve

R S.N SSR R R R R (DPMGR)
o chnn kitha- gujari aaii

RG M P PPP DD MM GGM G GMR
kothe te fir kothda manhi kothe sukda gha bhla-

RRG MPP PPP D PMM GM G GM
aashika jodiyaan paudiyaan te mashukan jode rah bhla

R S.N SSR R R R R (DPMGR)
o chnn kitha- gujari aaii

RG M P PPP DD MM GGM G GMR
kothe te fir kothda manhi kothe sukdi ret bhla-

RR GM P PPP D MM MGM G GM
asan gundhaiiyaan mindiyaan tu kise bhane vekh zra

R S.N SSR R R R R (DPMGR)
o chnn kitha- gujari aaii

RG M P PPP DD MM G MG GMR

kothe te fir kothda manhi kothe te tandur bhla-

R G MP P PP P DD MM GM G GM

phli roti tu khaven o tainde sathi nsde dur bhla

R S.N SSR R R R R (DPMGR)

o chnn kitha- gujari aaii

# 25. HAY O RABBA NAIYON LAGDA

Taal: Kaharwa

Singer: Reshma

Chord: RM*D S=C#

https://youtu.be/d5b0Gob0HIE

shahar bhambar di kudiyon tusi nak vich nath na paayo
main bhul gaiyaan tusi bhul na jaaiyo yaar naal baloch na layo

haay o rabba naiyo lagda dil mera
o ho ho ho rabba naiyo lagda dil mera
naiyo lagda dil mera
haay o rabba naiyo lagda dil mera

sajna baje hoya hanera
haay o rabba naiyo lagda dil mera
jogi baitha been bajaave dil mere nu chain n aave
nas pai sapni roye sapera
haay o rabba naiyo lagda dil mera

sasari tun ba mataa devein
tu na ja, bilocha yaari
agli raat kya majnaan di
te pichhli raat taiyaari
kothed chadh ke main jhaatiyaan maaraan
lag uth vaindi kataari
dar di maari haank na maaraan

main te shaq pai jaave yaari

dasso ni ilaaj koi tutte hoye dil da
karun ki bahaana dilbar nahin milda
chaar chhafere hoya hanera
haay o rabba naiyo lagda dil mera

(In this song Sa is taken as C# as most of the people use this Sa.)
(Reshma ji's Sa was .A#)

# HAY O RABBA NAIYON LAGDA

| dhage nti nkedhin | dhage nti nke dhin | dhage nti nkedhin | dhage nti nkedhin |
|---|---|---|---|
| 12 34 56 78 | 12 34 56 78 | 12 34 56 78 | 12 34 56 78 |

prelude: R' S' N D P M* D--

DN DDN D DDDM* DD DD DD DD N DD-DM*
shahr bhambar di kudiyo tusi nk vich nth na payo

ND PM* GRR RR RR GR .N.N .D
mai- bhul giyaan tusi bhul na jayo

.P.N .D.D .NRS .N .D.D
yar nal bloch na layo

music: D N DN DP D N D -2

.D .D .NS GR S.N.DS .N.D .D.D
hay o rbba niyo lgda-- dil mera

.D .D .NS .NS .N.D.D R G R.N
hay o rbba niyo lgda dil mera

.D.N .D.D.D .N .D.D
niyo lgda dil mera

.D .D .NS .NS .N.D.D .N.D .D.D
hay o rbba niyo lgda dil mera

RRR RSM*M* GM*G RRR-S.NS.D
sjna ba---j ho-ya hnera ---------

.D .D .NS .NS .N.D.D R G R.N
hay o rbba niyo lgda dil mera

.D.N .D.D.D .N .D.D
niyo lgda dil mera

R M* D----- NDNDM*
o ho ho----- ho

ND DD NDD ND DM*R
rbba niyo lgda dil mera-

GGP GRS.N S.N .D.D
niyo lgda- dil mera

.D .D .NS GR S.D.D-S .N.D .D.D
hay o rbba niyo lgda-- dil mera -2

M*PN D-PDM* M*P ND-$^{P}$D ND M*G M*R SR G RR
jogi bai-tha-- bin bja-ve- dil mere nu- chain n aave

M*M* PN DD-PDM* DP M*GR-SRS.N.D
ns paii sp-ni-- roye snpera-----------

.D .D .NS GR S.N.DS .N.D .D.D
hay o rbba niyo lgda- dil mera

RRR RSM*M* GM*G RRR-S.NS.D
sjna ba---j ho-ya hnera ---------

.D .D .NS GR S.N.DS .N.D .D.D
hay o rbba niyo lgda- dil mera -2

.D .D .NS .NS .N.D.D R G R.N
hay o rbba niyo lgda dil mera

.D.N .D.D.D .N .D.D
niyo lgda dil mera

DDD D N DD M*GR
ssri tu ba mta deven

D D D-M* DDND DDM*
tu na ja-, bilocha yari

DDND M*G RR RRR GR.N
agli- rat kya mjna di

.P .P.N.D $^{R}$GR.N .D.D.D
te pichhli ra-t taiyari

DND DD N D DDD PDDM*
kother chdh ke mai jhatiyaan ma-ra-

DD DD DND DDDM*
lg uth vendi- katari-

DD ND M*GR RR R RGR.N
dr di- mari- haak na mara---

.P .N .D.D .D GRGR.N .D.D
m te shk pai ja----ve yari

DD N DDD DD-M* M*M* ND DD M*G-PDN-
dsso ni ilaj koii-- tute hoe dil da------

PN D DDD DD-M* M*M* DD NN N
dsso ni ilaj koii- tute hoe dil da

DN D M*GM*R RRSS RG RRR
krun kii bhana- dilbr niyo milda

M*P NDPM* PM*G RRS-.NS.D
char chhfere hoya hnera-------

.D .D .NS GR S.N.DS .N.D .D.D
hay o rbba niyo lgda-- dil mera -2

RRR RSM*M* GM*G RRR-S.NS.D
sjna ba---j ho-ya hnera ---------

.D .D .NS GR S.N.DS .N.D .D.D
hay o rbba niyo lgda-- dil mera

.D .D .NS .NS .N.D.D R G R.N
hay o rbba niyo lgda dil mera

.D.N .D.D.D .N .D.D
niyo lgda dil mera

R M* D NDNDM*
o ho ho ho

ND DD NDD ND DM*GR
rbba niyo lgda dil mera-

GGP GRS.N S.N .D.D
niyo lgda- dil mera

.D .D .NS GR S.N.DS .N.D .D.D
hay o rbba niyo lgda-- dil mera -2

# 26. HEER

Film: Mera Naam Joker (1970)
Music: Jaikishan
Lyrics: Prem Dhawan
Singer: Md. Rafi
Taal: -
Chord: SGP, SGD S= F
https://youtu.be/iElpMlllf54

sadke heer tujh pe ham fakir sadke,
tujh se lut kar tere hi dwar aaye
tu to fulon ki sej pe ja baithi,
mere hisse me rahon ke khar aaye

jhuthe vaade the tere vafa jhuthi
khote saude me zindagi haar aaye
yahi ishq hai to kah do duniya se
kisi but pe na kisi ko pyar aaye

de de dil hamara hame wapas
jogi le kar yahi pukar aaye
aur mange jo kuchh to maut mange
tere dar pe hai aakhri bar aaye
jogi le kar yahi pukar aaye

## HEER

| dha | ge | n | ti | n | ke | dhi | n | dha | ge | n | ti | n | ke | dhi | n |
|---|---|---|---|---|---|---|---|---|---|---|---|---|---|---|---|
| 1 | 2 | 3 | 4 | 5 | 6 | 7 | 8 | 1 | 2 | 3 | 4 | 5 | 6 | 7 | 8 |

SS SRR R R S SSR RRR- M- GRS-
sdke hir tujh pe hm fkiir sdke

S S SR R RGR R RM R MPN DNP
tujh se lut kr tere- hi dwar aaye--------

P P PD P PM G MGP GR - NDPMR
tu to fulo kii sej pe ja-- baithi

SS SSR R RR GRS S.D.DM GR
mere hisse- me raho ke-- kha-----r aaye

DD DD D DND DDS' ND- NDPMRS
jhuthe vade the tere- vfa- jhuthi

SS SR R RRGRR M MG MPN- D- NP
khote saude me zindgi har aaye

PP PDP M P MP MGP GPMG R- NDPMR
yhi ishq hai- to kh- do-- duni-ya se

SS SR R R RR GR S.D.DM GR
kisi but pe n kisi ko- pya----r aaye

R' R' R' R'R'R' R'R'S'G' R'R'R' PNR'
de-de dil hmara hme-- vaps (chord)

R'R' R'S'G' R'S' ND DPN DD GPN
jogi le-- kr yhi pukar aaye (chord)

N NN D NN N DS'N DP- PR'S'NPMRS
aur mange jo kuchh to mau-t mange

SS SR R R RRG S.D.DM GR
tere dr pe hai aa-khiri- ba----r aaye

SS SR RR RGR RRN- DPMGRM GR
jogi le- kr yhi- puka---------r aaye.

# 27. IK MERI ANKH KASHNI

Lyrics: Shiv Kumar Batalvi  Singer: Surinder Kaur
Taal: Kaharwa  Chord: SGP PR  S=C#
https://youtu.be/fBUQWej9F0w

ni ik meri ankh kaashni duja raat de unindare ne maareya
shiishe nu tared pai gayi baal vondi ne dhyan jadon maareya
ni ik meri ankh kaashni duja raat de unindare ne maareya

ik meri sass nivari bhaidi raahi de kikkar ton kaali
galle katthe veer bhundi nit deve mere ma peyaan nu gaali
ni kehda us chandri da ni main laachiyaan da baag ujaadya
ni ik meri ankh kaashni duja raat de unindare ne maareya

duja mera deyor nikda, bhaida goriyaan ranna da shauki
dhuk dhuk nehde baithda, rakh saamne rangiili chaunki
ni isse gal ton dardi, aje teek vi na ghund nu utaareya
ni ik meri ankh kaashni duja raat de unindare ne maareya

teeja mera kant jinven raat channi ch dudh da katora
fikke sinduri rang da, ode naina ch gulabi dora
ni ikko gal maadi usdi, laailag nu hai maa ne vigaadeya

## IK MERI ANKH KASHNI

<table>
<tr><td>dha<br>1</td><td>ge<br>2</td><td>n<br>3</td><td>ti<br>4</td><td>n<br>5</td><td>ke<br>6</td><td>dhi<br>7</td><td>n<br>8</td><td>dha<br>1</td><td>ge<br>2</td><td>n<br>3</td><td>ti<br>4</td><td>n<br>5</td><td>ke<br>6</td><td>dhi<br>7</td><td>n<br>8</td></tr>
<tr><td colspan="16">prelude:<br>RR- RGRR- 4<br>R'- R'R'R'—<br>R'R' S'S' DD PP<br>R- RG RR-</td></tr>
</table>

P PG GR R̲R RRR
ni ik meri ankh kashni

RR SS G GGGR R̲ RGG
duja rat de unnindre ne mareaa

GP G RR̲R R RR
shiishe te tred pai gyi

RR SG G GGP GR̲ RGG
bal vaundii ne dhyan jdon mareaa

P PG GR R̲R RRR
ni ik meri ankh kashni

RR SS G GGGR R̲ RGG
duja rat de unindre ne mareaa

P PG GR R̲R RRR
ni ik meri ankh kashni

music:
RR̲- RG R̲R-2
R R̲ R G P D--

GG PP DD DDD
ik meri sass nivri

DD DD D DPD ND M*P
bhaidi rahi de kikr to- kali

GG PP D DDD
glle-kaththe vir bhunndi

DD PD DD P DN D M*P-G
nale deve mere man-pyaan nu gali

G PP GR RRR R
ni kehda us chndri (buri) da -2

R R SSG G GR R RGG
ni mai lachiyaan da bag ujadaa

P PG GR RR RRR
ni ik meri ankh kashni

RR SS G GGGR R RGG
duja rat de unindre ne mareaa

P PG GR RR RRR
ni ik meri ankh kashni

# 28. KALI TERI GUT TE PARANDA

Taal: Kaharwa

Singer: Asa Singh Mastana
Chord: MDS' PNR' S=C#

https://youtu.be/liq3x6G__2w

kaali teri gut te paraanda tera laal ni
ruup di ae raaniye paraande nu sambhaal ni

ho, kanna vich bunde tere rup da shingar ni
mitthe tere bol muhon bol ik vaar ni
pairaan pondiye nii teri moraan jayi chaal ni
kaali teri gut te paraanda tera laal ni

ho, chand jahe mukhde te gith gith laaliyaan
mahak di jawani jinven chambe diiyaan daaliyaan
jhalli naiyon jaandi tere rup vaali chaal ni
kaali teri gut te paraanda tera laal ni

ho, dheeye ni panjab diye giddeyaan di raani tun
khetaan di bahaar a te chaunke di savaali tun
pyar di pujaarne payaraan da sawaal ni
kaali teri gut te paraanda tera laal ni

# KALI TERI GUT TE PARANDA

| dha 1 | ge 2 | n 3 | ti 4 | n 5 | ke 6 | dhi 7 | n 8 | dha 1 | ge 2 | n 3 | ti 4 | n 5 | ke 6 | dhi 7 | n 8 |
|---|---|---|---|---|---|---|---|---|---|---|---|---|---|---|---|

prelude:
P--D PM PM ND ND PM PM S'N S'N DP ND P- x2

MN ND DP P DPM MP P- P PM MP P- P-
kali teri gut te paranda tera lal ni music:

PS' S' S' S'DD R'S'S' D PP- M
rup di ae raniye parande nu snbhal ni

interlude:
P--D PM PM ND ND PM PM S'N S'N DP ND P- x2

R'----------- S'M'G'R' R'-----------
ho.....................................................

S'S' S'R' R'R' R'R' S'S' S' R'R'- R'
kanna vich bunde tere rup da shingar ni

S'M' M'G' G'R' R'R' S' S'R' R'- R'
mitthe tere bol munhon bol ik var ni

S'S' S'S'S' D DR' S'S' DD P M
paila paundie ni teri mora jehi chal ni

MN ND DP P DPM MP P- P PM MP P- P-
kali teri gut te prada tera lal ni music:

interlude:
P--D PM PM ND ND PM PM S'N S'N DP ND P- x2

R'----------- S'M'G'R' R'-----------
ho.....................................................

S'S' S'R' R'R'R' R' S'S' S'R' R'R'R'
chnn jhe mukhde te gith gith laliyaan

S’ M’ G’G’R’ R’R’ S’S’ S’R’ R’R’R’
mhk di jvani jiven chmbe diyaan daliyaan

S’S’ S’S’ S’D DR’ S’S’ DD P M
jhlli niiyo jandi tere rup vali chal ni

MN ND DP P DPM MP P- P PM MP P- P-
kali teri gut te prada tera lal ni music:

interlude:
P--D PM PM ND ND PM PM S’N S’N DP ND P- x2

R’----------- S’M’G’R’ R’-----------
ho.......................................................

S’S’ S’ R’R’ R’R’ S’S’S’ R’ R’R’ R’
dhiye ni pnjab diye giddeyaan di rani tu

S’M’ M’ G’G’R’ R’ R’ S’S’ S’ R’R’R’ R’
kheta di bhar a te chonke di svali tu

S’ S’ S’S’ D R’S’S’ D DP- M
pyar di pujarne pyara da sval ni

MN ND DP P DPM MP P- P PM MP P- P-
kali teri gut te paranda tera lal ni music:

# 29. KAKA JAMM PEYA

Lok Geet — Singer: Asa Singh Mastana
Taal: Kaharwa — Chord: PNR' S=C#
https://youtu.be/8Th2yTxtj4k

mainnu lokkaan ditti vadhayi kaka jam peya

ghar vaali aakhdi patase te manga deyo
main aakhaan gali vich mungfali varta deyo
saadi laggi hon ladaayi kaka jam peya

yaar mangan feestaan te luttan lokon pai gaiyaan
ik do rupaiye de ke suut bahana lai gaiyaan
gal sabnaa khaldi laayi kaka jam peya

note gharon muk gaye te bhattha sada bai gaya
tera sau rupaiye vich kaka sanu pai gaya
badi mahngi payi vadhaayi kaka jam peya

## KAKA JAMM PAIYA

| dha | ge | n | ti | n | ke | dhi | n | dha | ge | n | ti | n | ke | dhi | n |
|---|---|---|---|---|---|---|---|---|---|---|---|---|---|---|---|
| 1 | 2 | 3 | 4 | 5 | 6 | 7 | 8 | 1 | 2 | 3 | 4 | 5 | 6 | 7 | 8 |

prelude aur interlude:
R' S' N DN N D P R' S' N DN N D P
S' R' S' R' –D DN DN P M*P PD- DD M*P M*DP
S' R' S' R' –D DN DN P M*P PD- DD M*P M*DP

| PD | DN | DD | DM*M* | PD | P | PP |
|---|---|---|---|---|---|---|
| mainnu | lokan | ditti | vdhaii | kaka | jmm | paiya |

music: for repeating M*P M*D P- D- M*P M*D P- 2
interlude:
R' S' N DN N D P R' S' N DN N D P
S' R' S' R' –D DN DN P M*P PD- DD M*P M*DP -2

R’ S’N R’R’R’ R’R’G’ R’ S’D NNP
ghr vali aakhdi ptase te manga deyo-

N DP PP DD NNND DP PP
mai aakhan gli vich mungfli vrta deyo

PD DN DD DM*M* PD P PP
sadi lggi hon ldaii kaka jmm paiya

mainnu lokan ditti..

R’ S’N R’R’R’ R’ R’G’ R’S’ D NNP
yar mangn feestan te luttan loko pai giiyaan

NN D PPP D D NN DD P PP
ik do rupaiye de ke sut bhaina lai giiyaan

PD DNN DDD M*M* PD P PP
gl sbna khldi laii kaka jmm paiya

mainnu lokan ditti..

R’R’ S’N R’R’ R’R’ R’ R’G’ R’S’ D NNP
not ghro muk gye te bhttha sada bai gya-

DN D PPP DD DN DD P PP
tera sau rupaiye vich kaka sanu pai gya

PD DN DD DM*M* PD P PP
bdi mehngi paii vdhaii kaka jmm paiya

mainnu lokan ditti..

# 30. KALE RANG DA PARANDA

Lok Geet Singer: Surinder Kaur, Narinder Kaur
Taal: Kaharwa Chord: SGP S=D
https://youtu.be/gTW2xyoKq_I

kale rang da paraanda mere sajna ne aanda
ni main chum chum ni main chum chum rakhdi firaan
te pabba bhar nachdi firaan

kala ae paraanda naal mehndiyaan vi kaaliyaan
ambri ghataawaan aaj kaaliyaan -2
khushi vich nachchaan mere naal paiyaan nachdiyaan
kannaan vich paiyaan hoiyaan vaaliyaan -2
ni main kuj kuj-2 jhakdi firaan,
te pabba bhar nachdi firaan

sajna da hasa mainnu de gaya dilasa
ode kadmaan ch rakh deyaan dil ni -2
fullan utte jivein koi bhaunr baitha gaanwda
inj ode mukhde da til ni
haay inj ode mukhde da til ni
ni main luk luk-2 takdi firaan,
te pabba bhar nachdi firaan

rud pud jana chann ambraan da adiyo ni
mainnu fir luk luk takda ae -2
ambraan te rab di hawa sathi chaldi ni
taaiyon onu chakna ne dakda ae-2
ni main ankhiyaan nu dakdi firaan,
te pabba bhar nachdi firaan

Vinod Kumar

# KALE RANG DA PARANDA

| dha | ge | n | ti | n | ke | dhi | n | dha | ge | n | ti | n | ke | dhi | n |
|---|---|---|---|---|---|---|---|---|---|---|---|---|---|---|---|
| 1 | 2 | 3 | 4 | 5 | 6 | 7 | 8 | 1 | 2 | 3 | 4 | 5 | 6 | 7 | 8 |

music: R R G R G- S S G S R-

RS SR R GGR RS SRR G GR
kale rng da paranda mere sjna ne aanda

R S SR RG G R SR RG GRR RR S
ni mai chum chum, ni mai chum chum rkhdi firan

S SR G GRR R R
te pbba bhr nchdi fira

music: R R G R G- S S G S R-

RR R DDD DD P P P P P P P
kala e paranda nal mehndiyaan vi kaliyaan

MMM MGR RS SR RRG
ambri ghtava aaj ka-liyaan-

PMM MGR RS SR R R -
ambri ghtava aaj ka-liyaan

RR RD DD DD P PP PPPP
khushii vich nchcha mere nal piyaan nchdiyaan

MM MG GR R S SR RR G
knna vich paiyaan hoiyaan va-liyaan-

PM MG GR R S SR R R-
knna vich piyaan hoiyaan va-liyaan-

R S SR RG GRR RR S
ni mai kuj kuj -2 jhkdi fira

S SR GG GRR R R
te pbba bhr nchdi fira

kale rng da Paranda----

music: R R G R G- S S G S R-

RRR D DD DD P PP PPP PP
sjna da hasa mainnu de gya dilasa ode

MMM G GR RS SR RG
kdman ch rkh deyaan dil ni-

RG PMM G GR RS SR R-
ode kdman ch rkh deyaan dil ni

R R RD DD DD R RP PPP
fullan utte jiven koii bhonr baitha gavda

MM MG GRR S SR RG
inj ode mukhde da til ni-

G PM MG GRR S SR R
hay inj ode mukhde da til ni

R S SR RG GGR R R S
ni mai luk luk-2 tkdi fira

S SR G GRR R R
te pbba bhr nchdi fira

kale rng da paranda----

music: R R G R G- S S G S R--

RR RD DD DD PPP P PPP P
rur pur jana chnn ambra da adiyo ni

MM MG GR RS SRR R G- P
mainnu fir luk luk tkda e

PM MG GR RS SRR R -
mainnu fir luk luk tkda e

RRR D DD D DP PP PPP P<br>
ambra te rb di hva sathi chldi ni

PM MG GRR S SRR R G<br>
taiyo onu chkna nu dkda e-

PM MG GRR S SRR R<br>
taiyo onu chkna ne dkda e

R S SRR G GRR R R S<br>
ni mai ankhiyaan nu dkdi fira-

S SR G GRR R R<br>
te pbba bhr nchdi fira

# 31. KI PUCHHDE HO HAAL

Gazal<br>
Singer: Gulam Ali<br>
Lyrics: Shiv Kumar Batalvi<br>
Chord: SGP S=C#<br>
Taal: Kaharwa<br>
https://youtu.be/p9vJuy77TKU

ki puchhde ho hal fakiiran da, sada nadiyon vichhde niiraan da<br>
sada hanj di june aaiyaan da sada dil jalyaan dilgeeraan da

eh jaandeyaan kuj shokh jahe rangaan da na tasveeraan hai<br>
jad hatti gaye asi ishqe di, mul kar baithe tasveeraan da

sannu lakkhaan da tan lab gaya, par ik da man vi na miliya<br>
kya likheya kise muqaddar si hatthaan deeyaan chaar lakeeran da

taqdeer ta apni saukan si, tadbeeraan sathon na hoiyaan<br>
naa jang chhuteya na kan pate jhund langh gaya inj heeran da

mere geet vi lok suneende ne nale kafir aakh sadeende ne<br>
main dard nu kaba kah baitha, rab naan rakh baitha peedaan da

main daanashwaraan suneendiyaan sang kai vari uchchi bol peya
kujh maan si sahnu ishqe da kujh dava vi si peedaan da

tu khud nu aakal kahnda hain, main khud nu ashiq dasdaa haan
eh lokaan te chhad daiye, kihnu maan ne dende peeraan da

# KI PUCHHDE HO HAAL

| dha | ge | n | ti | n | ke | dhi | n | dha | ge | n | ti | n | ke | dhi | n |
|---|---|---|---|---|---|---|---|---|---|---|---|---|---|---|---|
| 1 | 2 | 3 | 4 | 5 | 6 | 7 | 8 | 1 | 2 | 3 | 4 | 5 | 6 | 7 | 8 |

prelude:
RSR .D S R - - R - - R – R - - - -
RSR .D S G - - G - - G – G - - - -
RGPDS' D – D P – P
DS' D – D P – P
DS' S' – S' D – D P – P G – G R –
RR GR x4

S.DR RRR R RR GP-DP GRGS
kii-- puchhde ho hal fkiira da-----,

RG PPP PPP S'DP GR
sada ndiyo vichhde nira da

S.DR RR R RR GP-DP GRGS
sada hnjh di june aaiyaan da----,

RG PP PPP PPS'DP GR
sada dil jlyaan dilgira da

S.D RRR R RG PDPGR R
kii-- puchhde ho hal fkiira da-

interlude:
G P D - - - - - S' – D P - - - -
G M M G - - - - P – M* – M* M – M G – R –
G P D –

D DDDD DD DS'R' S'DP
eh jandeyaan kuj shokh jahe

S'S' S' R'S' DPS'G' R'-S'D
rnga da na- tsvira hai---,

PPDPGR R
tsvira hai

S.D RR RR RR GPDP GRGS
jd htti gaye asi ishke di----,

RG PP PP PPS'DP GR
mul kr baithe tsvira da

DD DD D DD S'R' S'DP
sannu lkkhan da tn lb gya-,

S'S' S'S' S' S'R' DP S' G'R'R'
pr ik da mn vi na miliya

S.DR RRR RR PPDP GRGS
kya- likheya kise muqddr si----

RGP PP PP PS'DP GR
httha diyaan char lkii-ra da-

DDDD D DDD S'R'S' DP
tqdir ta apni saukn si-,

S'S'S' R'S'DP S' G'R'R'
tdbira sa-tho- na hoiiyaan

S.DR RR RRR R PP DPGRGS
na-- jng chhuteya na kn pa-te--,

RGP PP PP PP S'DP GR
jhund langh gya inj hira- da-

DD DD D DD DS'R'S' DP
mere git vi lok suni-de- ne-,

S'S' S'S'S' R'S'D PS'G'R' R'
nale kafir aa-kh sdinde- ne

S.DR RR R RR PP DPGRGS
mai--- drd nu kaba kah bai-tha----,

RG P PP PP S'DP GR
rb na rkh baitha pida- da-

D DDDD DS'R'S'DP S'S'
mai dnashvra sunindiyaan- sng

S' S'S' R'S'DP S'G' R'R'
kaii vari uchchi- bol piya

S.DR RR R RRR PPDP GRGS
kujh- man si sahnu ishke- da---

RG PP P P S'DP GR
kujh dava vi si pida- da-

D DD D DDD S' R'S' DP
tu khud nu aakl khnda- hain- ,

S' S'S' S' R'S'DP S'S'G'R' R'
mai khud nu aa-shik dsda- ha

S.DR RR R PP DPGRGS
eh-- lokan te chhd daiiye-----,

R G PP P PP S'DP GR
kihnu man ne dende pira- da-

# 32. KINNA SONA TAINU RAB NE

Taal: Kaharwa Dugun

Singer: Nusarat Fateh Ali
Chord: SGP S=C#

kinna sona tainnu rab ne banaya, dil kare vekhda ravaan

kinna sona tainnu rab ne banaya

dil mudada nahin lakh samjhaya, dil kare vekhda ravaan

kinna sona tainnu rab ne banaya

pyar tera ae zindagi meri, karni ae main puja teri

meri zindagi da eho sadmaya, dil kare vekhda ravaan

kinna sona tainnu rab ne banaya

dil vich tera pyar vasa ke, vekhi javaan kol baitha ke

tainnu dil vaale shishe ch sajaaya, dil kare vekhda ravaan

kinna sona tainnu rab ne banaya

## KINNA SONA TAINU RAB NE

<table>
<tr><td>dha</td><td>ge</td><td>n</td><td>ti</td><td>n</td><td>ke</td><td>dhi</td><td>n</td><td>dha</td><td>ge</td><td>n</td><td>ti</td><td>n</td><td>ke</td><td>dhi</td><td>n</td></tr>
<tr><td>1</td><td>2</td><td>3</td><td>4</td><td>5</td><td>6</td><td>7</td><td>8</td><td>1</td><td>2</td><td>3</td><td>4</td><td>5</td><td>6</td><td>7</td><td>8</td></tr>
<tr><td colspan="16">GR SS SS .D.D S R .DG-R S<br>kinna sona tainnu rb ne bnaya<br><br>SR GM MGRG RS.D<br>dil kre vekhda- rva-<br><br>GR SS SS .D.D G R SS<br>kinna sona tainnu rb ne bnaya<br><br>PP PPP P PD PMRG – RS<br>dil murda nii lkh smjhaya</td></tr>
</table>

SR GM MGRG RS.D
dil kre vekhda- rva-

GR SS SS .D.D G R SS
kinna sona tainnu rb ne bnaya

PP PD D PGP DD
pyar tera ae zindgi meri

PDP G R-P GR SS
krni ae mai- puja teri

GR SSS S .D.D SR.D G – RS
meri zindgi da eho sdmaya

SR GM MGRG RS.D
dil kre vekhda rva-

GR SS SS .D.D G R SS
kinna sona tainnu rb ne bnaya

P PP DD PGP PD D
dil vich tera pyar vsa ke

D P GR-P GR SS S
vekhii java kol baitha ke

GR SS SS .D.D S R.DG—RS
tainnu dil vale shiishe ch sjaya

SR GM MGRG RS.D
dil kre vekhda rva-

GR SS SS .D.D G R SS
kinna sona tainnu rb ne bnaya

# 33. KISE DA NAI KOI AITTHE YAAR

Film: Rang Le Dil Pyar Nal (1991)    Singer: Ataulla Khan
Taal: Kaharwa Dugun    Chord: PNR'    S=C

assaa es hayaati de din saare teri aas te inve guzaar di
sanu lagda hai auna koi nahin tu taiyon buhe udeek de mar ditte
khaida asa dahleez da chhadya na bade ruttaa ne sade te var kite
sir haad di dhup ne saad ditte hath oh de paale ne thaar ditte

kise da nahin koi aitthe yaar sare jhuthe ne
jhuthiyaan mohobbataan-2 te pyar sare jhuthe ne

jhuthe aitthe aashiqaa di aashiqi de rang ne
kachche dhage vaang aitthe sangiyaan de sang ne
kare koi kiddaan-2 aitbaar sare jhuthe ne

maali aitthe bagaan di bahaar vech dende ne
kaliyaan te fullaan da singar vech dende ne
karde ne pyar da-2 vyaapar sare jhuthe ne

oh ta ni jaan da ae jinnu yaar laggiyaan
pyar vaang dhokhebaaz kar de ne thagiyaan
soneyaa de kaul te qaraar sare jhuthe ne

har pase shuk di da dur taandi safni
thaao thaai sabnaa nu payi aapo apni
chor hon bhanve-2 pahredaar sare jhuthe ne

dukkhaan de ae kisse yaar sadika traat ne
heeraan ne farebi aetthe raanjhe dagabaz ne
pyar de ne jinne-2 thekedaar saare jhuthe ne

# KISE DA NAI KOI AITTHE YAAR

| dhage 12 | nti 34 | nke 56 | dhin 78 | dhage 12 | nti 34 | nke 56 | dhin 78 | dhage 12 | nti 34 | nke 56 | dhin 78 | dhage 12 | nti 34 | nke 56 | dhin 78 |
|---|---|---|---|---|---|---|---|---|---|---|---|---|---|---|---|
| P | D | D | N | N | D | D | P | G | - | D | D | P | P | P | - |
| ki | se | da | nii | ko | ii | ae | tthe | ya | -r | sa | re | jhu | the | ne | - |
| P | -D | N | R' | R' | G' | R' | G' | - | - | - | R' | R' | N | P | - |
| jhu | -thi | yaan | mo | ho | b | ta | - | - | - | - | - | - | - | - | - |
| P | D | N | R' | R' | G' | G' | R' | R' | -S' | S' | N | N | D | D | P |
| jhu | thi | yaan | mo | ho | b | ta | te | pya | -r | sa | re | jhu | the | ne | - |
| interlude: play sthayi. | | | | | | | | | | | | | | | |
| R' | G' | G' | P' | P' | -M' | M' | G' | G' | G' | G' | M' | G' | R' | R' | - |
| jhu | the | ae | tthe | aa | -shi | kan | di | aa | shi | kii | de | rn | g | ne | - |
| R' | M' | G' | R' | S' | -N | P | D | N | N | D | D | P | P | P | - |
| k | chche | dha | ge | va | -g | ae | tthe | sn | gi | yaan | de | sn | g | ne | - |
| P | D | N | R' | R' | G' | R' | G' | - | - | - | - | - | - | - | - |
| k | re | ko | ii | ki | dda | - | - | - | - | - | - | - | - | - | - |
| R' | R' | S' | S' | N | N | D | P | | | | | | | | |
| - | - | - | - | - | - | - | - | | | | | | | | |
| P | D | N | R' | R' | G' | G' | R' | R' | -S' | S' | N | N | D | D | P |
| k | re | ko | ii | ki | dda | ae | t | ba | -r | sa | re | jhu | the | ne | - |
| interlude:<br>NND P G PPD- N- D-<br>N-D N-D P G P-PN D D D<br>N-D N-D P G P-PN D P P<br>N N D N- D P G<br>N N D R' – S' N D<br>G' R' S' N D P N R' | | | | | | | | | | | | | | | |
| R' | G' | G' | P' | P' | -M' | M' | G' | G' | -G' | G' | -M' | G' | R' | R' | - |
| ma | li | ae | tthe | ba | ga | di | bi | ha | -r | ve | -ch | den | de | ne | - |
| R' | M' | G' | R' | S' | -N | P | D | N | -N | D | -D | P | P | P | - |
| k | li | yaan | te | fu | ll | da | sin | ga | -r | ve | -ch | den | de | ne | - |
| P | D | N | R' | R' | G' | R' | G' | - | - | - | - | - | - | - | - |
| k | r | de | ne | pya | -r | da | - | - | - | - | - | - | - | - | - |

| R’ | R’ | S’ | S’ | N | N | D | P | | | | | | | | |
|---|---|---|---|---|---|---|---|---|---|---|---|---|---|---|---|
| - | - | - | - | - | - | - | - | | | | | | | | |
| P | D | N | R’ | R’ | G’ | G’ | R’ | R’ | -S’ | S’ | N | N | D | D | P |
| k | r | de | ne | pya | -r | da | vya | pa | -r | sa | re | jhu | the | ne | - |
| P | D | D | N | N | D | D | P | G | - | D | D | P | P | P | - |
| ki | se | da | nii | ko | ii | ae | tthe | ya | -r | sa | re | jhu | the | ne | - |

interlude: as above.

| R’ | G’ | G’ | P’ | P’ | -M’ | M’ | G’ | G’ | G’ | G’ | M’ | G’ | R’ | R’ | - |
|---|---|---|---|---|---|---|---|---|---|---|---|---|---|---|---|
| o | h | ta | nii | ja | n | da | e | ji | nnu | ya | r | l | gi | yaan | - |
| R’ | -M’ | G’ | R’ | S’ | N | P | -D | N | N | D | D | P | P | P | - |
| pya | -r | va | ge | dho | khe | ba | -j | k | r | de | ne | th | gi | yaan | - |
| P | D | N | R’ | R’ | G’ | R’ | G’ | - | - | - | - | - | - | - | - |
| so | ne | yaan | de | kau | -l | te | - | - | - | - | - | - | - | - | - |
| R’ | R’ | S’ | S’ | N | N | D | P | | | | | | | | |
| - | - | - | - | - | - | - | - | | | | | | | | |
| P | D | N | R’ | R’ | -G’ | G’ | R’ | R’ | -S’ | S’ | N | N | D | D | P |
| so | ne | yaan | de | kau | -l | te | k | ra | -r | sa | re | jhu | the | ne | - |
| P | D | D | N | N | D | D | P | G | - | D | D | P | P | P | - |
| ki | se | da | nii | ko | ii | ae | tthe | ya | -r | sa | re | jhu | the | ne | - |

# 34. LANGH AA JA PATTAN

Album: Sada Vasda Rahe Punjab Singer: Sudesh Kumari
Taal: Kaharwa Chord: SMD S=C#
https://www.youtube.com/watch?v=6TSd_4D0KPM

langh aa ja pattan chanha da yaar, langh aa ja pattan chanha da
sir sadka main javan tere na da yaar,
langh aa ja pattan chanha da

mere kag banere te bolya, mera tatdi da divda doleya o
main taa mandadaa bol na boleya, -2 ho
langh aa ja pattan chanha da

ve main chadh kothe te khadiya, meriya sadiya paira diya taliya ve
jhulli hawa te zulfaan halliyaan, -2 ho
langh aa ja pattan chanha da

ve main rang suhe vich rangiyaa main ta lal dhole de mangiya ho
chahe changiya te chahe mandiya-2
langh aa ja pattan chanha da

Vinod Kumar

# LANGH AA JA PATTAN

| dha | ge | n | ti | n | ke | dhi | n | dha | ge | n | ti | n | ke | dhi | n |
|---|---|---|---|---|---|---|---|---|---|---|---|---|---|---|---|
| 1 | 2 | 3 | 4 | 5 | 6 | 7 | 8 | 1 | 2 | 3 | 4 | 5 | 6 | 7 | 8 |

MM PM MNDP
o—o—o---- -2

prelude:
S'S'R'S' S'M'G'R' S'S'R'S' DNS'-
S'S'R'S' S'M'G'R' S'S'R'S' DNS'-
MM MPM MNDP MM MPM

MM MPM MNDP MM PM
o---------------------

S R M DDP DS' N D M
langh aa ja pttn chnha da yar

DD M G RR.D .NS S
lngh aa ja pttn chnha da

S RRM M DD PD S' N D M
sir sdka mai java tere na da yar

DD M G RR.D .NS S
langh aa ja pttn chnha da

interlude:
S'S'S' G'R'S'ND MMDP M
S'S'S' G'R'S'ND MMDP M
NNNDP DDDPM PPPMR P-
MM PM nNDP MM PGM

MPG MD DDN D S'S'S'
mere- kag bnere te bolya

S'S' PS'S' S' NND S'S'N D
mera tatdi da divda doleya o

D P MMG R.D .N SSS
mai ta mndra bol na bolya

S S RRM DP D S'S'N D
mai ta mndra bol na bolya o

DD M G RR.D .NS S
lngh aa ja pttn chnha da

M MG G MD ND S'S'S'
ve mai- chdh kothe te- khdiyaan

S'S' S'S' S'N DD S'S'N D
meriyaan sdiyaan paira diyaan tliyaan ve

DD M G RR.D .N SSS
jhulli hva te julfa- hlliyaan

SS R M DDPD S'S'N D
jhulli hva te julfa- hlliyaan ho

DD M G RR.D .NS S
lngh aa ja pttn chnha da

M MG G MD ND S'S'S'
ve mai- rng suhe vich rngiyaan

S' S' S' S'N D S'S'N D
mai ta lal dhole de mngiyaan ho

DD MMG R .D .N SSS
chahe chngiyaan te chahe mndiyaan

SS RRM D PD S'S'N
chahe chngiyaan te chahe mndiyaan

DD M G RR.D .NS S
lngh aa ja pttn chnha da

# 35. LATTHE DI CHAADAR

Lyrics: Shiv Kumar Batalvi
Singer: Bani aur Shivani
Taal: Kaharwa
Chord: SMD S=C#
https://youtu.be/0I0hMZuJgjA

latthe di chaadar utte saleti rang mahiya
aavo samne kolon di rus ke na langh mahiya

sadi kanda to mariya ae ankh ve
mere aate de vich hath ve
latthe di chaadar utte saleti rang mahiya

channa vekh ke n sade val hans ve
sadi ma payi karendiye shaq ve
latthe di chaadar utte saleti rang mahiya

gallaa goriyaa te kala kala til ve,
sada kad ke lai gaya dil ve
latthe di chaadar utte saleti rang mahiya

teri ma ne chadya saag ve,
asaa mangya te ditta ae jawab ve
latthe di chaadar utte saleti rang mahiya

teri ma ne chadiyan ae gandlaan,
asaa mangiya te pai gaiya dndlaa
latthe di chaadar utte saleti rang mahiya

teri ma ne pakaaiyaan ne rotiyaa
asaa mangiya te pai gaiya sotiyaa
latthe di chaadar utte saleti rang mahiya

teri ma ne pakaai ae kheer ve,
asaa mangi te pai gayi peed ve
latthe di chaadar utte saleti rang mahiya

teri ma de chitte chitte dand ve,
da lagya te devaa main bhann ve
latthe di chaadar utte saleti rang mahiya

teri ma di lambi sari gut ve,
da lagya te devaa main put ve
latthe di chaadar utte saleti rang mahiya

sade dil vich ki ki vasiyaan,
n tu puchhiya te n main dasiyaa
latthe di chaadar utte saleti rang mahiya

Vinod Kumar

# LATTHE DI CHAADAR

| dha | ge | n | ti | n | ke | dhi | n | dha | ge | n | ti | n | ke | dhi | n |
|---|---|---|---|---|---|---|---|---|---|---|---|---|---|---|---|
| 1 | 2 | 3 | 4 | 5 | 6 | 7 | 8 | 1 | 2 | 3 | 4 | 5 | 6 | 7 | 8 |

prelude aur interlude tune: SS RM DP DP, SS RM PM PM

MPM P DPM MPM PDP RR RRG-RS
ltthe- di chadr utte- sleti rng mahiya

SS RMM MP P DD P M RM MMM
aavo samne kolo di rus ke n lng mahiya

MP DD D DDD D PP P-M MP D-D D DD PP P-M
sadi knda to mriya e ankh ve, mere aa-te de vich hth ve

ltthe di chadr utte sleti rng mahiya.....

MP DD D D DD DD PP P-M MP D D D D D PP P-M
chnna vekh ke n sade vl hns ve, sadi man pi krendi ye shk ve

ltthe di chadr utte sleti rng mahiya.....

MP D DD D DD DD PP P-M MP DD D D DD D PP P-M
gll goriyaan te kala kala til ve, sada kd ke le gya e dil ve

ltthe di chadr utte sleti rng mahiya....

play rest of the song as above.

# 36. MAAI DE BHAWAN TE

Durga Mata Bhajan — Chord: S<u>G</u>P S=B
Lyrics: Darshi — Taal: Kaharwa
Singer: Narendra Chanchal
https://wynk.in/music

maai de bhawan te fullan di barkha
o ho rahi jai jai kaar bhawan te fullan di barkha

bhagtaa ne fullaa diyaa thaaliyaa sajaaiyaa ne
chandi deeyaa kauliyaa ch jotaan jagaaiyaa ne
jhum rahe masti vich sare, dati tere lal piyare
ban ke sevadar bhawan te fullan di barkha

maiya de dware aj raunkaa ne badiyaa
lambiyaa kataaraa vich sangtaa ne khadiyaa
har paase gunjan jaikaare baithe daati khol dware
bhar dendi bhandaar bhawan te fullaan di barkha

chandan di chauki te aasan lagaa leya
bhola bhala rup meri maai ne banaa laiya
lal lal choleyaan vaali bhar dendi hai jholi khali
bhar dendi bhandaar bhawan te fullaan di barkha

lahar vich aay maiya khushiyaa lutaanwadi
daya vaale hatthaan naal khairaan paii paanwadi
nirbal nu balwaan banaave murakh nu gunwaan banaave
'darshi' kare pukaar bhawan te fullan di barkha

Vinod Kumar

# MAAI DE BHAWAN TE

| dha | ge | n | ti | n | ke | dhi | n | dha | ge | n | ti | n | ke | dhi | n |
|---|---|---|---|---|---|---|---|---|---|---|---|---|---|---|---|
| 1 | 2 | 3 | 4 | 5 | 6 | 7 | 8 | 1 | 2 | 3 | 4 | 5 | 6 | 7 | 8 |

prelude aur interlude: SRS RGR SRS .N
SRS RGR SRS S

SR R SRG G RR R SS
maii de bhvn te fulla di brkha

P M M M M G RRG G RR R SS
o ho rii jai jai kar bhvn te fulla di brkha

RGG G GG GG RGG GGG G
bhgta ne fulla diyaan thaliyaan sjaiiyaan ne

SR RR RRS R GR SSS S
chandi diyaan kauliyaan ch jota jgaiiyaan ne

M MM MM MM MM MM MM RM MMM
jhum rhe msti vich sare, dati tere lal piyare

P D PMG RRG G RR R SS
bn ke sevadar bhvn te fulla di brkha

GG G GGG GG RGG G GGG
maiiya de dvare aj raunkan ne badiyaan

SRR RRR SR GGR R SSS
lmbiyaan ktara vich sngta ne khdiyaan

M MM MM MMM MM MM RM MMM
hr pase gunjn jaikare, baithi dati khol dvare

P DP M G RRG G R R R SS
bhr dendi bhndar bhvn te fulla di brkha

GG G GG G RG GG GG
chndn di chokii te aasn lga laiya

SR RR RR SR G R SS SS
bhola bhala rup meri maii ne bna laiya

M M MMM MM M MM M RM MM
lal lal choleyaan vali, bhr dendi hai jholi khali

P DP MG RRG G RR R SS
bhr dendi bhndar bhvn te fulla di brkha

GG G GG GG RGG GGGG
lhr vich aay maiya khushiyaan lutanvdi

RR RR RR SR GG R SSS
dya vale httha nal khaira paii pavdi

M M M M M MMM MM M M RM MMM
nirbl nu blvan bnave, murkh nu gunvan bnave

P D PM GG RRG G R R R SS
"drshii" kre pukar bhvn te fulla di brkha

## 37. MANN JA BALMA

Taal: Kaharwa Singer: Surinder Kaur, Asa Singh Mastana
Chord: RMD S=D
https://www.youtube.com/watch?v=vyT8onvLMEI
lau ji sajjano es geet nu zara dhyan naal suno

o.... ve mann ja baalma -2
mann ja baalma kyun gussa chadyai oye
ve mastaneya, ve rud pud jaaneya kyun butha sadyai oye

o faishan vekh ke ulta tera ni
kurta paat gaya gusse vich mera ni

o.. main sandal o laine jede uchchi addi de
chal bazar challan nai gusse kaddi de
mann ja baalma

ve sajjan jande ne jado janaani saindal mange
din change nai, eho jaye vele ki karna e

oye jutti o laini oye meriye bhambiiriye
oye jutti o laini jedi rabad di labbe nii
sir vich vajje te koi satt na lagge ni

o…ye… ve shahar bambai vichcho mainu pars manga de ve
sineme main jana, ve sineme main jana vich paise pa de ve
mann ja baalma
lo ji jadon pars mange janani, te kurta pata hoye te ki kahna ae
pate kurte di tu gutthi sava lai ni
aa lai aanne do vich chhole pa lai ni

o… ye… main saari o laini jedi hove naylan di
o teri meri ve gal maaiyaan taan bandi
mann ja baalma

saari khaddad di tainnu pindon mangaan daanga
jad o paat gayi main kachchhe sawa laanga

# MANN JA BALMA

| dha | ge | n | ti | n | ke | dhi | n | dha | ge | n | ti | n | ke | dhi | n |
|---|---|---|---|---|---|---|---|---|---|---|---|---|---|---|---|
| 1 | 2 | 3 | 4 | 5 | 6 | 7 | 8 | 1 | 2 | 3 | 4 | 5 | 6 | 7 | 8 |

lau ji sjjno aes git nu zra dhyan nal suno

prelude v interlude tune:
RR GG MM GG RR MM G- DDD
RR GG MM GG RR MM G-

P – M* P—M* P – M – G-
o………………………………

R M M GGG R M M GGG R
ve mnn ja balma ve mnn ja balma-

M M GGG R MM GG P
mnn ja balma kyu gussa chdhyaii oye

M MGGGR M M M GGG R MM GG G
ve mstaneyaan, ve rur mur janeyaan kyu butha sryaii oye

N NNN NN N NS' ND D
o faishn vekh ke ulta tera ni

MM GG GG RM MM GG P
kurta pat gya gusse vich mera ni

MM GG GG RM MM GG G
kurta pat gya gusse vich mera ni

R G MGMG R MM G GG RR MM GG P
o.. mai saindl o lene jede uchchi addi de

R M M G GR R MM GG G
ve chl bazar chll naii gusse kddi de

M M GGG
mnn ja balma

ve sjjn jande ne jdon jnani saindl mnge
din chnge naii, eho jye vele kii krna e

N NN N NN N S'S'N DPP D-
oye jutti o leni ni, meriye bhmbiriye

N NN N NN NN NS' S' ND D
o jutti o leni jedi rbr di lbbe ni

P M GG G RR MM M GG G
sir vich vjje te koii stt n lgge ni

P- M* P- D- PMG-
o..ye....
R M MG GG RR MM MG G P
ve shhr bmbaii vichcho mainu prs manga de ve

R MM G GGR
ve sineme mai jana,

R MM G GG R MM G G G
ve saneme mai jana vich paise pa de ve

M M GGG
mnn ja balma

lau ji jdon prs mnge jnani, te kurta pata hoe,
te kii kaina e

NS' NN N N NN NS' N D
pate kurte di tu gutthi sva lai ni

P M GG G RR MM G G G
aa lai aanne do vich chhole pa lai ni

R G R G R MM G GG RR MM GG P
o ye .. mai sari o laini jedi hove nayln di

MM GG G R MM G GG
teri meri ve gl maiiyaan ta bndi

M M GGG
mnn ja balma

S'S' NN N NN NS' ND D D
sadi khddr di tainnu pindo mnga dan ga

PP M GG GG R MM MG G G
jd o pat gayi mai kchchhe sva lan ga -2

(you can play many punjabi songs on this tune)

# 38. MATTHE TE CHAMKAN WAL

Lok Geet
Taal: Kaharwa Dugun
https://youtu.be/FNVsnjeTDGM

Singer: Musarrat Nazir
Chord: SGP S=D

matthe te chamkan vaal
matthe te chamkan vaal, mere banre de

laao ni lao aenu shagnaa di mehndi-2
mehndi kare hath laal, mere banre de
matthe te chamkan vaal, mere banre de

paao ni paao aenu shagnaa da gaanna-2
gaanne de rang ne kamaal, mere banre de
matthe te chamkan vaal, mere banre de

aaiyaan ni aaiyaan bhaina mehndi lae ke
bhaina nu kinne ne khayaal, mere banre de
matthe te chamkan vaal, mere banre de

( on the same tune you can sing mitthe lagde guruji tere bol vele amrat de)

Vinod Kumar

# MATTHE TE CHAMKAN WAL

| dha | ge | n | ti | n | ke | dhi | n | dha | ge | n | ti | n | ke | dhi | n |
|---|---|---|---|---|---|---|---|---|---|---|---|---|---|---|---|
| 1 | 2 | 3 | 4 | 5 | 6 | 7 | 8 | 1 | 2 | 3 | 4 | 5 | 6 | 7 | 8 |

prelude aur interlude music: .DS RG R G R S--
SR M-G G – G-

G G G GMGR RGSR
mtthe te chmkn va--l

G G G GMGR RGSR GMPD PGMR G
mtthe te chmkn va---l, me-re- bnre- de

GG M PD PD DM*M* M M*-DM* MG
lao ni lao aenu shgna di me-hn- di- -2

GG GGM GR RGSR GMPD PGMR G
mehndi kre- hth la--l, me-re- bnre- de

G G G GMGR RGSR GMPD PGMR G
mtthe te chmkn va---l, me-re- bnre- de

GG M PD PD DM*M* M M*-DM* MG
pao ni pao aenu shgna da ga-----nna- -2

GG G GM G R RGSR GMPD PGMR G
ganne de rng ne kma---l, me-re- bnre- de

G G G GMGR RGSR GMPD PGMR G
mtthe te chmkn va---l, me-re- bnre- de

GG M PD PDM* M*MM M*-DM* MG
aaiyaan ni aaiyaan bhai-na mehndi le-----ke--

GG G GM G R RGSR GMPD PGMR G
bhaina nu kinne ne khya---l me-re- bnre de

| GG G GMGR RGSR GMPD PGMR G |
|---|
| mtthe te chmkn va---l, me-re- bnre- de |

# 39. MERA IS JAG VICH KOI NA

Taal: Kaharwa

Singer: Mahinder Raj, Neelam Sahni and others
Chord: SGP S=C#

https://wynk.in/music

jagdamba he ma, mera is jag vich koi na, he jagdambe ma-2

har pal tera naam jappaa, he jagdambe ma-2

tu hai mata mamtamayi, mamtamayi ma mamtamayi

o kaun dayalu tere jayi ma, tere jayi ma tere jayi

santa te teri thandi chhaan, he jagdambe ma-2

tere mandaraan vich sukh milde, sukh milde ma sukh milde

aashaa vale ful khilde ma, ful khilde ma ful khilde

rakh ma nazraan mehar diyaan, he jagdambe ma-2

tu ma bede paar kare, paar kare ma paar kare

o taap hare santaap hare ma, taap hare, santaap hare taap hare

aprampaar teri mahima, he jagdambe ma-2

Vinod Kumar

# MERA IS JAG VICH KOI NA

| dha | ge | n | ti | n | ke | dhi | n | dha | ge | n | ti | n | ke | dhi | n |
|---|---|---|---|---|---|---|---|---|---|---|---|---|---|---|---|
| 1 | 2 | 3 | 4 | 5 | 6 | 7 | 8 | 1 | 2 | 3 | 4 | 5 | 6 | 7 | 8 |

MPDS’S’R’ P D
jgdmba he ma

RG MG RG MG RGMG R- S-
mera is jg vich ko-ii- na------,

S RRGG R-GRGRS S RRGG R
he jgdmbe ma--------- he jgdmbe ma

RG MG RGMG RGM GR-S-
hr pl te-ra- na-m jpa----

S RRGG R-GRGRS S RRGG R
he jgdmbe ma--------- he jgdmbe ma

M* M* M*M* GM*P PM*
tu hai mata mmta myi,

GM*P PM* M* GM*P PM*
mmta myi ma mmta myi

N NN NNDDNR’ DND DD R
o kaun dya—lu-- tere- jyi ma,

RG PM* G RG PM* GR RR
tere jyi ma tere jyi tere jyi

RGMG RG MG RGMG R-S-
sn-ta- te- teri thn-di- chha

S RRGG R-GRGRS S RRGG R
he jgdmbe ma--------- he jgdmbe ma

(play rest as above)

# 40. NI MAIN NACHNA MOHAN DE NAL

Krishna Bhajan Chord: M*DR' S=C#
Taal: Kaharwa Dugun
https://youtu.be/LM9btYaT0bM

ni main nachna mohan de naal aaj mainu nach lain de
nach lain de ni mainu nach lain de
ni main nach ke manana dildaar aaj mainu nach lain de

duniya de layi nacheya bathera, fir vi na koi banya mera
ki karna, jai ho, ki karna jaiho
ki karna hai ae sansaar aaj mainu nach lain de
ni main nachna mohan de naal aaj mainu nach lain de

pairaan de vich ghungru bann ke, apne shyam di jogan ban ke
ni main nach ke, jai ho, ni main nach ke, jai ho,
ni main nach ke manana nandlaal aaj mainu nach lain de
ni main nachna mohan de naal aaj mainu nach lain de

satguru ne ae rasta dikhaya, banke bihaari ton mainu milaya
aise satguru te aise satguru te
aise satguru te main balihaar aaj mainu nach lain de
ni main nachna mohan de naal aaj mainu nach lain de

vrindavan vich jaavan de lai, pyar mohan da paavan de lai
sune banwari ne sune banwari ne
sune banwari ne taane hazaar aaj mainu nach lain de

Vinod Kumar

# NI MAIN NACHNA MOHAN DE NAL

| dhage | nti | nke | dhin | dhage | nti | nke | dhin | dhage | nti | nke | dhin | dhage | nti | nke | dhin |
|---|---|---|---|---|---|---|---|---|---|---|---|---|---|---|---|
| 12 | 34 | 56 | 78 | 12 | 34 | 56 | 78 | 12 | 34 | 56 | 78 | 12 | 34 | 56 | 78 |

prelude:
M* D M* G M*-D-DDD, M* D M* G M*-D-DDD
M* D M* G M*-DDS'ND, M* D M* G M*-D-DDD
R'DN - N R'S'D, DNM* DS'- N- DD-
DDD DM*D NS'NS', N--- NR' R' R'
NR' ND D

D D GM*M*D G' G' D D GM*M*D G' G'
ni main nachna jy ho ni main nachna jy ho

| | | | | | | | | | | | | | | | |
|---|---|---|---|---|---|---|---|---|---|---|---|---|---|---|---|
| | | | | | | | | | | | | | | D | D |
| | | | | | | | | | | | | | | ni | mai |
| G | M*M* | D | D | D | - | NS' | NS' | N | - | - | N | R' | R' | R' | R' |
| n | chna | - | mo | hn | - | de- | -- | na | - | - | l | a | j | mai | nu |
| N | R' | N | D | D | - | - | - | R' | G' | G' | G' | M*' | M*' | M*' | M*' |
| n | ch | lai | n | de | - | - | - | n | ch | lai | n | de | ni | mai | nu |
| N | S' | N | S' | N | D | D | D | G | M*M* | D | G' | G' | - | D | D |
| n | ch | lai | n | de | - | ni | mai | n | chke | - | jy | ho | - | ni | mai |
| G | M*M* | D | G' | G' | - | D | D | G | M*M* | D | D | D | D | S' | - |
| n | chke | - | jy | ho | - | ni | mai | n | chke | - | m | na | na | dil | - |
| N | - | - | - | R' | R' | R' | R' | N | R' | N | D | D | - | D | D |
| da | - | - | r | a | j | mai | nu | n | ch | lai | n | de | - | ni | mai |
| G | M*M* | D | D | D | - | NS' | NS' | N | - | - | N | R' | R' | R' | R' |
| n | chna | - | mo | hn | - | de- | -- | na | - | - | l | a | j | mai | nu |
| N | R' | N | D | D | - | - | - | | | | | | | | |
| n | ch | lai | n | de | - | - | - | | | | | | | | |

interlude:
G' G' G' M*' G' M*' G'-
S' S' S' N D N D-
G M* D G' R'---
S' S' S' N D N D-

| | | | | | | | | | | | | | | | |
|---|---|---|---|---|---|---|---|---|---|---|---|---|---|---|---|
| | | | | | | | | | | | | | G' | G' | G' |
| | | | | | | | | | | | | | du | ni | ya |

| M*’ - M*’ - | N S’ N S’ | D N N D | - G’ G’ G’ |
|---|---|---|---|
| de - l ii | n ch ya b | the - ra - | - fi r vi |
| G’ M*’ M*’ - | N S’ N S’ | D N N D | G’ R’ S’R’ N |
| na - ko ii | b n ya - | me - ra - | - - - - |
| D - D - | G M*M* D G’ | G’ - D - | G M*M* D G’ |
| - - kii - | k rna - jy | ho - kii - | k rna - jy |
| G’ - D - | G M*M* D D | D - S’ - | N - - N |
| ho - kii - | k rna - hai | ae - sn - | sa - - r |
| R’ R’ R’ R’ | N R’ N D | D - D D | G M*M* D D |
| a j mai nu | n ch lai -n | de - ni mai | n chna - mo |
| D - NS’NS’ | N - - N | R’ R’ R’ R’ | N R’ N D |
| hn - de- -- | na - - l | a j mai nu | n ch lai n |
| D - - - | | | |
| de - - - | | | |

G’G’ G’M*’ M*’M*’ NS’NS’ DN ND
paira de- vich ghunghru- bnn ke-,

G’G’G’ G’M*’M*’ M*’ NS’NS’ DN ND
apne shyam di jo-gn bn ke-,

music: G’ R’ S’R’N- D

D D GM* M*D G’ G’ D D GM* M*D G’ G’
ni mai nch ke-, jy ho, ni mai nch ke-, jy ho,

D D GM* M*D D M* D NS’N- R’R’ R’R’ NR’ ND D
ni mai nch ke- mnana nndlal aaj mainu nch lain de

D D GM*M*D DD NS’NS’ NN R’R’ R’R’ NR’ ND D
ni mai nchna- mohn de------- nal aaj mainu nch lain de

G’G’G’G’ M*’ M*’ NS’N S’DNND
stguru ne ae rasta dikha-ya-,

G’G’ G’G’M*’M*’ M*’ NS’N S’DNND
banke biha-ri to mai-nu mila-ya-

DD GM*M*D D DD GM*M*D D
aese stguru te aese stguru te

DD GM*M*D D D NS’N- R’R’ R’R’ NR’ ND D
aese stguru te mai blihar aaj mainu nch lain de

D D GM*M*D DD NS’NS’ NN R’R’ R’R’ NR’ ND D
ni mai nchna- mohn de------- nal aaj mainu nch lain de

G’G’G’M*’ M*’M*’ NS’NS’ DN ND’
vrindavn vich ja-vn de- laii,

DN ND G’ G’G’M*’ M*’ NS’NS
pyar mohn da pa-vn de- laii

DD G-M*D D DD G-M*D D
sune ban-vri ne sune ban-vri ne

DD G-M*D D DN S’N- R’R’ R’R’ NR’ ND D
sune ban-vri ne tane hjar aaj mainu nch lain de

D D GM*M*D DD NS’NS’ NN R’R’ R’R’ NR’ ND D
ni mai nchna- mohn de------- nal aaj mainu nch lain de

# 41. NIT KHAIR MANGA SONEYA

Taal: Kaharwa

Music: Nusarat Fateh Ali
Singer: Nusarat Fateh Ali
Chord: SMD S=C#

https://www.youtube.com/watch?v=f-s4mM9ls8o

hor ki mangana main rab kolo, nit khair mangaa main tere dam di
baaj sajan lajpal tere, main khojiyaan kede kam di
pal pal maneya sukh ve hazaraa ghadi vekhe n koi alam di
badar hamesha maula rakhe dhola, tain te nazar karam di

nit khair manga soneya main teri, dua na koi hor mangdi
tere pairaanch akheer hove meri, dua na koi hor mangdi

dam dam khair kare rab teri manga roz main sajan duavaa
sadka tera main ae zindadi lakh vaari dhol ghumaanvaa
peer shabbir da sadka dhola, tainnu lagan na garam hawawa
jug jug jiiven shala tu teri aayi main mar jaawaan

tere pyar ditta jadon da sahara ve,
mainu bhul gaya maahiya jag saara ve
khushi eho mainnu sajna batheri, dua na koi hor mangdi

tu milya te mil gayi khudayi ve, hath jod aakha panvi na judayi ve
mar javangi je ankh maittho feri, dua na koi hor mangdi

pawaan vasta ve kalli chhad javin na,
hassa mainu kitte jag da banayi na
shala jhulle na judayi di haneri, dua na koi hor mangdi

Vinod Kumar

# NIT KHAIR MANGA SONEYA

| dha | ge | n | ti | n | ke | dhi | n | dha | ge | n | ti | n | ke | dhi | n |
|---|---|---|---|---|---|---|---|---|---|---|---|---|---|---|---|
| 1 | 2 | 3 | 4 | 5 | 6 | 7 | 8 | 1 | 2 | 3 | 4 | 5 | 6 | 7 | 8 |

S S SS S S SRS.N .N .NS SR S.N S S
hor kii mngna mai rb kolo---, nit khair mnga tere dm di

SS .NS SSS SRS.N .N .NSR S.N S S
baj sjn ljpal tere------, mai khojiyaan kede km di

P MR MR SS S SSR-S.N .N.N SS S RR .NS S
pl pl mneya sukh ve hzara, ghdi vekhe n koii alm di

PPM RMR RR RR RR M R RRR SS S
bdr hmesha maula rkhe dhola, tain te nzr krm di

SS RM RS RMR S RS
nit khair mnga soneya mai teri

.N.N S RM RS SSS
duaa na koii hor mngdi

MM PPP PMN DP MR
tere pairanch akhiir hove meri

.N.N S RM RS SSS
duaa na koii hor mngdi

PP MR MR RR S.N SR .N.N RR R RRS .NSS
dm dm khair kre rb teri mnga roj mai sjn duaava

RRR RR R R SSR-S.N .N.N SS RR .NSS
sdka tera mai ae jindni----- lkh vari dhol ghumanva

RS SRR S RRR SR-S.N .N.N SSS S RRS .NSS
pir shbbir da sdka dhola-----, tainnu lgn na grm hvava

PP PP PP PP P MP NN P MR MM
jug jug jiven shala tu teri aaii mai mr java

MM P PP PP D NPD D---P
tere pyar ditta jdon da sahara ve-----

PP S'S' DP DD PM PP M-RSR
mainnu bhul gya mahiyaan jg sara ve-------

SS RM RS RMR SRS
khushii eho mainnu sjna btheri

.N.N S RM RS SSS
duaa na koii hor mngdi

M MPP P PP D NPD DP
tu milya te mil gaii khudaii ve-

PP S' DP DD P MPP M-RSR
hth jor aakhan pavi na judaii ve

SS RMR S RM RS RS
mr javagi je ankh maittho feri

.N.N S RM RS SSS
duaa na koii hor mngdi

MM PPP P PP DN PD D--P
pava vasta ve klli chhd javin na

PP S'S' DP DD P MPP M-RSR
hassa mainnu kitte jg da bnayi na

SS RM R SRM R SRS
shala jhulle na judaiiyaan di hneri

.N.N S RM RS SSS
duaa na koii hor mngdi

# 42. PANDIT JI AE BAL MERA

Taal: Kaharwa

Singer: Surinder Kaur, Asa Singh Mastana

Chord: GPN S=C

https://www.youtube.com/watch?v=Ceg55Md_xp8

pandatji ae bal mera-2 ma pyo da naam chamkaayega
partap shivaji vaangu ki ae bharat veer kahavega
ae munda nira shanishchar ee din raat pawade paayega
onde jaande nu chhedega bhaiye da sir fadwayega

dhan di kothi te chandra su ya paise vi kuj khattega
dhan kidron kidron auna ae ki sona veche vattega
mai tu dhan bare puchheya ee, par patari kuj aedaan dasdi ae
ki dasdi ae pandat ji
ae ghar de bhande vechega daaru di botal vattega
pardesaan da dhan likhiya ae station te kheese kattega

kinni koi vidya pauni ae kinni ko tarakki karni ae
ki vadda afsar bane main sadraan di jholi bharni ae
ae kain sitare vidya de ae chann navaan hi chadega
kad chaaku naklaan teepega dhid mastaraan de paadega

vyah da vi lekha la vekho othe ki lekh likhaaye ne
is raje de ghar sone jaye rab ne sanjog milaaye ne
maai tun vyah baare puchheya ee, haan pandat ji
par patri kuj aedaan dasdi ae, kii dasdi ae pandat ji

darh vatt zamana kat bibi aetthe vi ghale male ne
do vyah patri vich likkhe ne do tabbar dubban vale ne

pandat ji mera puttar aeda bhaira nahin jiddaan tusi kainde paye ho, ma jo hoiyon

karmaan da bhaida hovega aklaan da kachcha hovega
o kuj vi hai ae pandat ji par dil da sachcha hovega
ae dil da sachcha hovega na bhedbhav nu mannega
ae hindu muslim sikh isaayi sabde chandare bhannega

ki neki koyi kamaayega ki bhukheyaan taai khawayega
aenna te dasso pandatji ae baahar vi kidre jaayega
teri murad pukarn to hai bibi, haan pandat ji
par patari kuj aedaan dasdi ae

bhukheyaan to kho ke khaayega, hadtaalaan roz karaayega
ae baahar jaan de yog nahin chheti andar ho jaayega

o bhatke hoye jawano ae ki fad laye chaale hosh karo
chand de ghar vi ja panhuche ne aaj duniyawalon hosh karo
saun bhagat singh di kha ke te bas aaj aenna hi kahna hai
na rolo deep jawani nu ae bharat ma da kahna hai

Vinod Kumar

# PANDIT JI AE BAL MERA

| dha 1 | ge 2 | n 3 | ti 4 | n 5 | ke 6 | dhi 7 | n 8 | dha 1 | ge 2 | n 3 | ti 4 | n 5 | ke 6 | dhi 7 | n 8 |
|---|---|---|---|---|---|---|---|---|---|---|---|---|---|---|---|

prelude:
(GPN) x 6
R’ R’ R’ R’- R’ D   N N N N- N P
D D D D- D M   P- P- M-
GMPM MMMM DD PP DDDD
GMPM MMMM DD PP MMMM   (A)
R’ R’ R’ N D P M G M -

MG   M   P   P  M   MMG
pndt   ji   kii   ae  bal   mera -

MG   M   P   P  M   MM   M   M   M   P   M M M M
pndt  ji  kii  ae  bal  mera  man  pyo  da  na  chmkayega

music: DD PP MM MM

MGM   M P M   MM   M  N   DDD   PP   PMMM
prtap   shivaji  vagu  kii  ae  bhart  vir  khavega

music: M-P-D-N- R’- R’- R’- (K)

R’   R’R’   R’R’   R’R’R’   R’   R’   R’R’   R’NN   DN N
ae  munda  nira  shnishchr   ii  din   rat   pvade  payega

DD   DD   D   DD D   MG   M   P   MMMM
aunde  jande  nu  chhedega  bhaiye  da  sir  fadvayega

music:
GMPM MMMM DD PP DDDD
GMPM MMMM DD PP MMMM
R’ R’ R’ N D P M G M -

D D D D D NND D DM D D
dhn di kothi te chndra su

D D D D D NND D D ND D DD NDD
dhn di kothi te chndra su ya paise vi kuj khttega

M GGM PPM MM M N DD PP MMM (K)
dhn kidro kidro auna e kii sona veche vttega

music: M- P- D- N-
maii tu dhn bare puchheya ii, pr ptri kuj eda dsdi e
kii dsdi e pndt ji---

R' N R' R'R' NR'R' R'R' R' R' N DNN
ae ghr de bhande vechega daru di botal vattega

D D D D D D D D D M G M PM MMM (A)
prdesan da dhn likhiya e, steshn te khiise kttega

DD D DDD ND D R' R' N D P M -
kinni koii vidya pauni e

DD D DDD ND D DD D DDD ND D
kinni koii vidya pauni e kinni ko trkki krni e

M GM PPM MM N NND D PP MM M (K)
kii vdda afsr bne mai sdra di jholi bhrni e

R' R'R' R'R'R' R'R'R' R' R' R'R' R'N N DNN
ae kain sitare vidya de ae chnn nva hi chadega

DD DD DDD DDD MM GMP M MMM (A)
kd chaku nkla tipega dhid mastra de padega

D D D DD N DD – DM D D -
vyah da vi lekha la vekho

D D D DD N DD DD D DD DND D<br>
vyah da vi lekha la vekho othe kii lekh likhae ne

MM GM P M MM N NN D DPP PMM M (K)<br>
is raje de ghr sone jai rb ne snjog milaye ne

maii tu vyah bare puchheya ii, ha pndt ji<br>
pr ptri kuj eda dsdi e, kii dsdi e pndt ji—

R’R’ R’R’ R’R’R’ R’R’ R’R’ R’R’ R’ NN DN N<br>
dr vtt zmana kt bibi etthe vi ghale male ne

D D DDD DD DD D M GGG MPM MM M<br>
do vyah ptri vich likkhe ne do tbbr dubbn vale ne

pndt ji mera puttr aeda bhaida nhi jidda tusi kainde pye ho.... man jo hoiyo

DD D DD NDD R’ R’ N D P M<br>
krman da bhaida hovega

DD D DD NDD DD D DD NDD<br>
krman da bhaida hovega akla da kchcha hovega

M GG M P M MMM N N D D PP MMM (K)<br>
jo kuj vi hai ae pndt ji pr dil da schcha hovega

R’ R’ R’ R’R’ NR’R’ R’ R’R’R’N N DNN<br>
ae dil da schcha hovega na bhedbhav nu mnnega

D DD DD D D D DDD GGG MMP MMM (A)<br>
ae hindu muslim sikkh iisaii sbde chndre bhnnnega

D DD DD DNDD R’ R’ N D P M<br>
kii nekii koii kmaega

D DD DD DNDD D DDD D DNDD
kii nekii koii kmaega kii bhukheyaan taii khvayega

MG M PM MMM N N D D PPP MMM (K)
enna te dsso pndt ji ae bahr vi kidre jaega

teri murad pukarn to hai bibi, ha pndt ji
pr ptri kuj eda dsdi e—

NR'R' R' R' R' NR'R' R'R'R' NN NDNN
bhukheyaan to kho ke khayega, hrtala roz kraega

D D DD D DD DD MG MP M MMM (A)
ae bahr jan de yog nhi chheti andr ho jaega

pndt ji koii ray pan da rah dsso
achchha jis trh bibi tu kinni e

R' NNR' R'R' R'R'R' R' R' R' R' NN DN NN
o bhtke hoe jvano ae kii far lye chale hosh kro

D DDD D DND D D N D DD ND DD
o bhtke hoe jvano ae kii far lye chale hosh kro

M G M P M MM N N NDD PP MM MM
chnd de ghr vi ja pnhuche ne aj duniya valo hosh kro

D DDD DD D N D D DD ND D DD ND D
so bhgt sinh di kha ke te bs enna hi aj kaina hai

M GM PM MMM N N DDD P P MM M
na raulo dip jvani nu ae bhart man da kaina hai.

# 43. SANU IK PAL CHAIN NA AAVE

Taal: Kaharwa

Singer: Nusarat Fateh Ali
Chord: MDS' S=C

https://youtu.be/2yzxRN2o9ds

sanu ik pal chain na aave-2 sajna tere bina o sajna tere bina
sada kalyaan ji nahiyon lagna-2 sajna tere bina o sajna tere bina

raati main jalaawaan deeva hanjuaan de tel da
hay o rabba sajna nu chheti kyun nahin melda
sanu ik pal chain na aave...

kise da yaar na pardes jaave
vichhoda na kise de pesh aave
sanu ik pal chain na aave.....

rog viyog te sog hazaraan sajnaa tere naa de
ho na bhaandi roz qayamat vichhde yaar jinnaan de
sanu ik pal chain na aave....

o kaga tainnu churiyaan paavaan kadi saade vi baith banere
leve naam koi sajnaa vaala te main sagan manaavaan tere
sanu ik pal chain na aave...

# SANU IK PAL CHAIN NA AAVE

| dha | ge | n | ti | n | ke | dhi | n | dha | ge | n | ti | n | ke | dhi | n |
|---|---|---|---|---|---|---|---|---|---|---|---|---|---|---|---|
| 1 | 2 | 3 | 4 | 5 | 6 | 7 | 8 | 1 | 2 | 3 | 4 | 5 | 6 | 7 | 8 |

DD DD D DP D MP
sanu ek pl chain na aave -2

RPP MM MM –R R R PP MM MM
sjna tere bina o sjna tere bina

MP DS'S' S' R'R' S'R'R'S'
sada klya ji nhiyo lgna- -2

M'M'M' M'M' R'R'S'P PPP MM MM
sjna tere bina sjna tere bina

DD D DDD DD D DP M PP S' D P
rati me jalava diva hnjuaa de tel da-----

M M PD MMD DP DS' D P DPM
hay o rbba sjna nu- chhetti kyu nhi melda

sanu ek pl chain na aave....

DD D DD D PDS'D DD
kise da yar n prdes jave

PRM P PP P DP RM
vichhoda na kise de pesh aave

sanu ek pl chain na aave....

DD DDD D DS' DMP DDD DP R M
rog viyog-2 te sog hjara sjna tere na de

D P DP DD DS'DPP PPP S'DP PDP M
ho na bhandi roz kyamt vichhde ya-r jina- de

sanu ek pl chain na aave....

Vinod Kumar

# 44. SARA JAGAT PARAYA HAI MA

Mata ki Bhent Chord: <u>G</u>P<u>N</u> S=C #
Taal: Kaharwa
https://wynk.in/music/song/sara-jagat-paraya-hai-maa/sa_INH100701553

jagdamba he jagdamba he sara jagat paraaya he ma

he ma tere dware aaya he ma he ma

janam janam di daasi he ma, he ma tere daras di pyasi

dukh dardaan ne paya ghera, <u>kar de mata dur hanera</u>-2

jaykara tera laya he ma, he ma tere dware aaya

ambe ma tu bhauna vaali, koi na dar ton janda khali-2

tu hi ghat ghat vaasi he ma, he ma tere daras di pyasi

nange pairi akbar aaya, <u>dhyanu bhagat ne sees chadhaya</u>-2

mainnu kyon bisraya he ma, he ma tere dware aaya

mata teri sher sawaari, <u>tun bhagtaan nu bakshan haari</u>-2

muk jaaye lakh chaurasi he ma, he ma tere daras di pyasi

he ma he ma

# SARA JAGAT PARAYA HAI MA

| dhage nti nkedhin | dhage nti nke dhin | dhage nti nkedhin | dhage nti nkedhin |
|---|---|---|---|
| 12 34 56 78 | 12 34 56 78 | 12 34 56 78 | 12 34 56 78 |

S'S'S'R' G' S'S'S'N S'
jgdmba he jgdmba he

SS SR.N S RGR S .D
sara jg-t praya he ma

R R RR GR SS
he man tere dware aaya

P PS'NS'P M P
he ma he ma

SSS SR.N SR GSR S .D
jnm jnm di- da-si he ma

R R RR GGR R SS
he ma tere drs di pyasi

MM PPD NP MP S'S'
dukh drda ne- paya ghera

R' R' G' R'N DN R'R'S'
kr de mata- dur hnera

N N S'S' N S'S'S'
kr de mata dur hnera

P PPM PP GR S .D
jy kara- tera laya he ma

R R RR GR SS
he man tere dware aaya

MP D NP MP S'S'
ambe man tu- bhauna vali

R'R' R' R' R'S'D DN R'S'
koii na dr to-- janda khali

NN S' S' S' NN S'S'
koii na dr to janda khali

P P PM PP GR S .D
tu hi ght ght vasi he ma

R R RR GGR R SS
he man tere drs di pyasi

MP D NP M P S'S'
nnge pairi- akbr aaya

R'R' R'G'G' R'N D N R'R'S'
dhyanu bhgt ne- sis chdhaya

NN S'S' S' NN S'S'S'
dhyanu bhgt ne sis chdhaya

PP PM PPGR S .D
mainnu kyon bisraya he ma

R R RR GR SS
he man tere dware aaya

MP DNP MP PS'S'
mata teri- sher svari ,

R' R'R'R' R'S'N D N R'S'
tu bhgta nu--- bkshn hari

N NS' S' NN S'S'
tu bhgta nu bkshn hari

PP P PMP PGR S .D
muk jae l-kh chorasi he ma

R R RR GGR R SS N S' N R' S'
he man tere drs di pyasi he ma he ma

# 45. SATGURU MAIN TERI PATANG

Taal: Kaharwa Chord: RMD S=C#
https://youtu.be/Sw8WbF4-gMQ

satguru main teri patang, waheguru main teri patang
hawa vich udadi jawangi -2
saaiyaan dor hatthon chhaddi na main katti jawangi

badi mushkil de naal milya mainu tera dwara hai
mainu ikko tera aasra nale tera sahara hai
hun tere hi bharose, hawa vich udadi jawangi
saaiyaan dor hatthon chhaddi na main katti jawangi

aena charna kamlaan nalon mainu dur hatavin na
is jhuthe jag de andar mera pecha laayin na
je kat gayi taan satgur, fir main lutti jawangi
saaiyaan dor hatthon chhaddi na main katti jawangi

aaj maleya buha aahe main tere dwar da
hath rakh de ek vaari tun mere sir te pyaar da
fir janam maran de gede to main bachdi jawangi
saaiyaan dor hatthon chhaddi na main katti jawangi

# SATGURU MAIN TERI PATANG

| dha 1 | ge 2 | n 3 | ti 4 | n 5 | ke 6 | dhi 7 | n 8 | dha 1 | ge 2 | n 3 | ti 4 | n 5 | ke 6 | dhi 7 | n 8 |
|---|---|---|---|---|---|---|---|---|---|---|---|---|---|---|---|
| | | | | | | | | | | | | R | R | R | G |
| | | | | | | | | | | | | s | t | gu | ru |
| S | - | - | R | R | M | G | - | R | - | - | R | R | - | R | - |
| mai | - | - | te | ri | - | p | - | tn | - | - | g | va | he | gu | ru |
| S | - | - | R | R | M | G | - | R | - | R | R | R | D | D | D |
| mai | - | - | te | ri | - | p | - | tn | - | g | h | va | - | vi | ch |
| D | D | D | - | P | - | M* | - | P | - | - | R | R | D | D | D |
| u | d | di | - | ja | - | va | - | gi | - | - | h | va | - | vi | ch |
| D | D | D | - | P | - | M* | - | P | - | - | - | P | - | P | M* |
| u | d | di | - | ja | - | va | - | gi | - | - | - | sa | ii | yaan | - |
| P | D | - | P | P | - | M | - | M | - | P | - | G | - | R | S |
| do | - | - | r | h | t | tho | - | chh | d | di | - | na | - | mai | - |
| G | - | G | - | M | - | G | - | R | - | - | - | | | | |
| k | - | tti | - | ja | - | va | - | gi | - | - | - | | | | |
| | | | | | | | | | | | | | | D | D |
| | | | | | | | | | | | | | | b | di |
| D | D | D | S’ | S’ | - | N | - | D | - | D | - | - | - | D | D |
| mu | sh | ki | l | de | - | na | l | mi | l | ya | - | - | - | mai | nu |
| P | D | - | P | M | - | M | P | P | D | - | - | - | - | M | G |
| te | ra | - | d | va | - | ra | - | hai | - | - | - | - | - | mai | nu |
| G | G | - | M | P | M | G | - | R | - | - | - | - | - | D | D |
| te | ra | - | d | va | - | ra | - | hai | - | - | - | - | - | mai | nu |
| D | - | D | S’ | S’ | - | N | - | D | - | - | D | D | - | D | D |
| i | - | kko | - | te | - | ra | - | aa | - | - | s | ra | - | na | le |
| P | D | - | P | M | - | M | P | P | D | - | - | - | - | M | G |
| te | ra | - | s | ha | - | ra | - | hai | - | - | - | - | - | na | le |

G G - M | P M G - | R - - - | - - R R
te ra - s | ha - ra - | hai - - - | - - hu n

S - R - | M - G - | R - R - | - - R R
te - re - | hi - bh - | ro - se - | - - hu n

S - R - | M - G - | R - R R | R D D D
te - re - | hi - bh - | ro - se h | va - vi ch

D D D - | P - M* - | P - - - | P - P M*
u d di - | ja - va - | gi - - - | sa ii yaan -

P D - P | P - M - | M - P - | G - R S
do - - r | h t tho - | chh d di - | na - mai -

G - G - | M - G - | R - - -
k - tti - | ja - va - | gi - - -

DD D-DS' S'-N DD DD PDD PMMP PD
aena chr-na- kmla nalo mainu du-r htavi- na-

MG GG MPMG R
mainu dur htavi- na

DD D-DS' S'N N DD DD PDP MMP PD
is jhu-the- jg de andr mera pecha laii- na-

MG GGM PMG R
mera pecha- laii- na

R SS RRM G R-R- RD D DD PM*P
je kt gyi- ta stguru 2, fer mai lutti javagi 2,

PPM* PDP PM MP G RS GG MGR
saiiya do-r hatho chhddi na, mai- ktti javagi

DD D-DS' S'-N DD D PD PM-P PD
ajj maleya bu-ha aake mai tere dwa-r da-

MG GGM PMG R
mai- tere- dwa-r da

DD DD DS' S'N DD D DD PD DP M-P PD
hth rkh de- ek vari tu mere sir te- pyar da-

MG G GM PMG R
mere sir te- pyar da

R SS RRM MG R-R- RD D DDD PM*P
fir jnm mrn de- ge-de- 2 to- mai bchdi javagi 2,

PPM* PDP PM MP G RS GG MGR
saiiya do-r hatho chhddi na, mai- ktti javagi

# 46. SHAWA TAMASHA VANGA DA

Album: Mehndi Shagna di
Chord: RMD S=C
Taal: Kaharwa
Singer: Sudha Malhotra, Kiran
https://youtu.be/iinCEW5ZNDs

shawa tamasha wangaan da, wah wah tamasha wangaan da
meri gali vich wangaan aaiyaan mainu chadya cha.

sas kolon puchheya nanaan kolon puchheya kise n ditiyan chadha
shawa tamasha wangaan da, wah wah tamasha wangaan da
kise n ditiyaan chadha mere maaiyaan, aape laiyaan chadha

meri gali vich wangaan aaiyaan mainu chadya cha
bahron ta aaya maai hansda hansda, bhabo ne ditta sikha
shawa tamasha wangaan da, wah wah tamasha wangaan da
andar vad one danda chukya, wangaan ditiyaan fanaa

main taa tur hun peke challi aan, bhabo di pakiyaan kha
shawa tamasha wangaan da, wah wah tamasha wangaan da
bhabo di pakiyaan batere wele khaadiyaan teriyaan da hun chaa
shawa tamasha wangaan da, wah wah tamasha wangaan da

bhar bhar ke main wangaan layaanwaan chun chun ke tu pa
shawa tamasha wangaan da, wah wah tamasha wangaan da
chun chun ke main wangaan paawaan tu ankhiyaan nal la
shawa tamasha wangaan da, wah wah tamasha wangaan da

# SHAWA TAMASHA VANGA DA

| dha | ge | n | ti | n | ke | dhi | n | dha | ge | n | ti | n | ke | dhi | n |
|---|---|---|---|---|---|---|---|---|---|---|---|---|---|---|---|
| 1 | 2 | 3 | 4 | 5 | 6 | 7 | 8 | 1 | 2 | 3 | 4 | 5 | 6 | 7 | 8 |

prelude:
.D R M G   R D P M   S R M G   R- R-
.D R M G   R D P M   S R M G   R- R-
D – DN- S'- R'G'  S'R'—S'R' NS' D-P-
P- PD- N- S'-N-PD- PD MP G- R-
R—G M,  P—MG, S—R G ,  R—

G.D   .DSR   GM   M   M   GS   SRG   RR   R
shava  tmasha  vnga  da,  vah  vah  tmasha  vnga  da -2

music: R—G M,  P—MG, S—R G ,  R—

RR   PP  PM   PD   PM   MP   MGG   R
meri  gli  vich  vnga  aaiiyaan  mainu  chdhya  cha

G.D   .DSR   GM   M   M   GS   SRG   RR   R
shava  tmasha  vnga  da,  vah  vah  tmasha  vnga  da

music:
M- R- G- S- R- G D P –
N- P- D- M- MP MGR—
D-P  N-D  S'-N DP  M-PD PMG  R-
M- R- G- S- R- G D P –
N- P- D- M- MP MGR—

RR   RP   PPP   MPD   DD   PPM   MP   M   MGG   RR
sas  kolo  puchhya  nnan  kolo  puchhya,  kise  n  ditiyaan  chdha

RR PPP PD P M M P MGG RR R
shava tmasha vnga da ji, vah vah tmasha vnga da

RR P PPP MP DP MG MP MG RR
kise n ditiyaan chdha mere maiiya, aape liiyaan chdha

G.D .DSR GM M M GS SRG RR R
shava tmasha vnga da, vah vah tmasha vnga da -2

RR PP PM PD P M MP MGG R G.D .DSR...
meri gli vich vnga aaiiyaan, mainu chdhya cha, shava tmasha-

RR P PP P PDD PMM MP M GG RR
bahro ta aaya maii hnsda hnsda, bhabo ne ditta sikha

RR PPP PD P M M P MGG RR R
shava tmasha vnga da bhii, vah vah tmasha vnga da

RRP P PM PD PMM MP MGG RR G.D .DSR...
andr vr one dnda chukya, vnga ditiyaan fna, shava tmasha....

R R P PM PD PP M MP M MGG R RR PP
mai ta tur hun peke chlli aa, bhabo di pkiyaan kha, shava tmash

RR P PPP MPD DP PMM MPP M GG R
bhabo di pkiyaan btere vele khadiyan, teriyaan da hun cha,

G.D .DSR...
shava tmasha..

R R P PM PD PPM MP PM G G R
bhr bhr ke mai- vnga lyava, chun chun ke tu pa,

RR PPP....
shava tmasha...

R R P PM PD PM M PMG G R
chun chun ke mai- vnga pava, tu ankhiyaan nal la,

G.D .DSR...
shava tmasha....

# 47. SUHE VACHIRE VALEYA

Taal: Kaharwa Dugun

Singer: Surinder Kaur
Chord: RMD S=C#

https://youtu.be/ksFE7DmAhsI

suhe vacheere vaaleya main kahni aan
kar chhatri di chhaan main chhaanve baini aan

suhe vacheere vaaleya ful kikraan de
kikraan laayi bahaar mele mitraan de

suhe vacheere vaaleya ful tori da
baaj tere ve maahiya kuj nahin lodi da

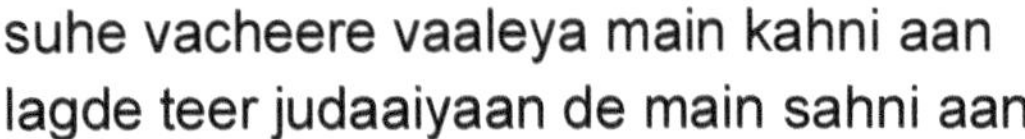

suhe vacheere vaaleya main kahni aan
lagde teer judaaiyaan de main sahni aan

suhe vacheere vaaleya do laladiyaan,
mela vekhan aaiyaan karmaa waaladiyaan

suhe vacheere vaaleya dhan jodi da,
dil da najuk shisha inj nahin todi da

sau sau pain dalilaan charkha daai da
ik vaari aake tak ja, haal judaayi da

suhe vacheere vaaleya gal gaani aan
charkha rang rangeela vehde jaani aan

suhe vacheere vaaleya main kahni aan
kar chhatri di chhaan main chhaanve bahni aan

Vinod Kumar

# SUHE VACHIRE VALEYA

| dhage nti nkedhin | dhage nti nkedhin | dhage nti nkedhin | dhage nti nkedhin |
|---|---|---|---|
| 12 34 56 78 | 12 34 56 78 | 12 34 56 78 | 12 34 56 78 |

prelude: G D P M G P
$^{M}$G P M G R M
G R G G M G
$^{R}$G M G G G

GG PPP D DP P MM G
suhe vchire valeya, mai khni aa

GM MMM M G R G P MM G
kr chhtri di chha, mai chhave bhni aa

music: M M M M G -- $^{R}$G P M M G

GG PPP D DP P M M G
suhe vchire valeya, ful kikra de

M M M GG R GP M M G
kikra layi, bhar mele mitra de

GG PPP D DP P MM G
suhe vchire valeya, full tori da

M MM M G G G P MM G
baj tere ve mahiya, kuj ni lodi da

GG PPP D DP P M M G
suhe vchire valeya, mai khni aa

M M M GGG G P MM G
lgde tir judaiyaan de mai shni aa

GG PPP D DP P M M G
suhe vchire valeya, do laldiyaan

M M M M G G G P M M G
mela vekhn aaiiaa krma valadiyaan

GG PPP D DP P MM G
suhe vchire valeya, dhn jodi da

M M M M G G G P MM G
dil da najuk shiisha, inj nhi todi da

G G PP P PD P P MM G
sau sau pain dlila chrkha daii da

M M MM G G GP PMM G
ik vari aake tk ja, hal judaii da

GG PPP D DP P MM G
suhe vchire valeya, gl gani aa

M M M MGG G P MM G
chrkha rng rngila, vehde jani aa

GG PPP D DP P M M G
suhe vchire valeya, mai khni aa,

GM MMM M G R G P MM G
kr chhtri di chha, mai chhave bhni aa

# 48. SUHE VACHIRE VALEYA

Taal: Kaharwa Dugun

Singer: Musarrat Nazir
Chord: SGP S=C#

https://youtu.be/9XwLGvaiL9g

suhe vacheere vaaleya main kahni aan
kar chhatri di chhaan main chhaanve bahni aan

ma peyaan ne chun leya saathi tainnu mera
jindadi to pyara hun pyar mainnu tera
rakh kadmaan de naal main pairi paini aan

pahli vaari tere kolon ik wada laina
hun tu hamesha mere dil vich raina
jag bhul ke din raat main na tera laini aan
kar chhatri di chhaan main chhaanve bahni aan

main chhankaaiyaan tere vede vich chudiyaan
mangiyaan muradaan aj ho gaiyaan puriyaa
kadi na todi saath main tainnu kahni aan
kar chhatri di chhaan main chhaanve bahni aan

# SUHE VACHIRE VALEYA

| dhage nti nkedhin | dhage nti nke dhin | dhage nti nkedhin | dhage nti nkedhin |
|---|---|---|---|
| 12 34 56 78 | 12 34 56 78 | 12 34 56 78 | 12 34 56 78 |

prelude:
GM GP MM GG, GM GP MM G-

GG PPP D DP P MM G
suhe vchire valeya, mai khni aa

GM MMM M G R G P MM G
kr chhtri di chha, mai chhave bhni aa

music: GM GP MM GG, GM GP MM G-

G PD N DD GM DP MG GG
man peyaan ne chun leya sathi tennu mera

GPD N DD GM DP MG GG
jinddi to pyara hun pyar mainnu tera

GP PPP P PDD D PP MM G
rkh kdman de na-l mai pairi paini aa

GM MMM M G R G P MM G
kr chhtri di chha, mai chhave bhni aa

music: GM GP MM GG, GM GP MM G-

GP DN DD GM DP MG GG
phli vari tere kolo ik vada laina

GP D NDD GM DP MG GG
hun tu hmesha mere dil vich raina

GP PP P PM* PDD D P PP MM G
jg bhul ke din ra-t mai na tera laini aa

GM MMM M G R G P MM G
kr chhtri di chha, mai chhave bhni aa

```
music: GM GP MM GG, GM GP MM G-

GP        DN DD        GM    DP     MG     GGG
mai   chhrkayiyaan  tere   vede  vich  chudiyaan

GPD            NDD      GM  DP    MG      GGG
mngiyaan  muradaa  aj    ho-  giyaan  puriyaan

GP     P   PPM*   PDD   D      PP     MM     G
kdi     na  todi-    sa-th  mai  tainnu  khni    aa

GM    MMM   M   G        R     G P      MM  G
kr      chhtri   di  chha,  mai  chhave  bhni  aa
```

# 49. TERE BIN NAI LAGDA

Taal: Kaharwa

Singer: Nusarat Fateh Ali
Chord: .P.NR S=C#

https://youtu.be/f6uRxh2l0l4

jaan e khuda, meharbaa tere siwa kaun mera
kadi na hovin juda, todi na saath mera
jaaniyaan haaniyaan -2

tu vi sikh kadi dukh sukh folna
tere bin tere bin
tere bin nahi lagda dil mera dholna -2
puchh kaare badraan to seene vich aag lag
langh gaiyaan kai barsaataan-2
tur gayo sajna niindraan kho ke
jaag ke katiyaan raataan
aa vi ja na sataa vastaa pyar da
ae ruttaan sohneya mud nahi aaniyaan
tere bin tere bin
tere bin nahi lagda dil mera dholna -2

dil tainnu de baithi khabre tu aisse layi
karna e be parwaaiyaan
kiite vaade qasamaan tainu yaad kade nahi aaiyaan
ae gila pyar da khol aas zara
tarse naina te kar meharbaaniyaan
tere bin tere bin
tere bin nahi lagda dil mera dholna -2

Vinod Kumar

# TERE BIN NAI LAGDA

| dha | ge | n | ti | n | ke | dhi | n | dha | ge | n | ti | n | ke | dhi | n |
|---|---|---|---|---|---|---|---|---|---|---|---|---|---|---|---|
| 1 | 2 | 3 | 4 | 5 | 6 | 7 | 8 | 1 | 2 | 3 | 4 | 5 | 6 | 7 | 8 |

P P PM* M* G PP PM* M*M RR ....... S.NS .N
jan e khuda, mehrban tere siva, kaun mera----------------

.P.P .N R R RR S.N .M*-- .P RRR S .P.N
kdi na honvi juda, todi na ---- sa---th mera

RMMP --- M*PMR RMMP --- M*PMR
janiyaan haniya,

RMMP RMMP
janiyaan haniya

R R PP PP MP MG M- GRS
tu vi sikh kdi dukh sukh fo-lna-

.P .N .P .N
tere bin.. tere bin

.P .N S RS .N SR-- SSS
tere bin nii lgda dil mera dholna

.P .N S RS .N SR .N.N.N
tere bin nii lgda dil mera dholna

RR RR .P.NR R RR RR .P.N RR
puchchha kare bdra to sine vich ag lg

.M*.M* .M*.M* R S.N.P.N-- SR
lngh giiyaan kaii brsata -2

.N SR GGG RSGR R R
tur gyo sjna nindraan kho ke

.NS R GGRS RM
jag ke ktiyaan rata

R R D P MP RRD PM P – R
aa vi ja na sta vasta pyar da

M MP- G GGM-R R R SGGR
e ruta sohneya mur naii aaniyaan

.P .N .P .N
tere bin.. tere bin

.P .N S RS .N SR-- SSS
tere bin nii lgda dil mera dholna

.P .N S RS .N SR .N.N.N
tere bin nii lgda dil mera dholna

R RR .P.N RR RRR R .P.N RR
dil tainnu de baithi khbre tu esse laii

.M*.M* .M* R S.N.P.N – SR-.N
krna e be-prvaiiyaan-----------

.NS GG RSG RR .NS RG RS R M
kiite vade ksman tainnu yad kde naii aaiiyaan

R RD PM P RR DP MP
ae gila pyar da khol aas zra

MM PG G M RRS-GGR
trse naina te kr mehrbaniyaan

.P .N .P .N
tere bin.. tere bin

.P .N S RS .N SR-- SSS
tere bin nii lgda dil mera dholna

.P .N S RS .N SR .N.N.N
tere bin nii lgda dil mera dholna

# 50. TERI MURALI DI MITHI

Taal: Kaharwa Chord: MDS' GPN S=C#

teri murali di -2 mitthi mitthi taan te, taan te
main taa ho ho gayi qurbaan ve
main taa ho gayi ho gayi ho gayi qurbaan ve

murali vajaa ke haay dil sada lai gayaa
ankh de ishare naal sab kuj kah gaya
hun jiniyaa main lai lai teraa naam ve naam ve
main taa ho ho gayi qurbaan ve

chhaddi na umar bhar kadi mera saath ve
aave na vichhode vali kadi shyama raat ve
tere kadmaa ch meri jind jaan ve
main taa ho ho gayi qurbaan ve

kar gaye ghaayal naina vaale teer ve
pyar tera pake meri khuli taqdir ve
hove kadmaa ch zindagi di shaam ve
main taa ho ho gayi qurbaan ve

## TERI MURALI DI MITHI

| dhage | nti | nke | dhin | dhage | nti | nke | dhin | dhage | nti | nke | dhin | dhage | nti | nke | dhin |
|---|---|---|---|---|---|---|---|---|---|---|---|---|---|---|---|
| 12 | 34 | 56 | 78 | 12 | 34 | 56 | 78 | 12 | 34 | 56 | 78 | 12 | 34 | 56 | 78 |
| prelude: DD PM DD PM DD PM P--- | | | | | | | | | | | | | | | |
| DD PM DD PM DD PM M--- | | | | | | | | | | | | | | | |
| | | | | | | M | M | M | -S' | - | S' | - | - | M | M |
| | | | | | | te | ri | mur | -li | - | di | - | - | te | ri |
| M | -S' | - | S' | S' | S' | N | D | N | - | - | D | P | M | - | - |
| mur | -li | - | di | mi | thi | mi | thi | ta | - | - | n | te | - | - | - |
| N | - | - | D | P | M | G | G | M | - | P | - | D | - | P | M |
| ta | - | - | n | te | - | mai | ta | ho | - | ho | - | g | ii | ku | r |

P M - M | M P G G | M M P P | D D P M
ba - - n | ve - mai ta | ho gii ho gii | ho gii ku r

P M - M | M -
ba - - n | ve -

interlude: DD PM DD PM DD PM P---
DD PM DD PM DD PM M- D- S'-

S'M' M' M' | G' G' R' N | R' R' M' M' | R' S' S' -
mur li v | ja ke ha y | di l sa da | lai -g ya -

- DD D D | N N P M | - GM -P -P | M M M -
- ankh de i | sha re na l | - sb -ku -j | kh -g ya -

- - M M | - MS' S' S' | S' S' N D | N - - D
- - hu n | - jini yaanmai | lai lai te ra | na - - m

P M - - | N - - D | P M G G | M - P -
ve - - - | na - - m | ve - mai ta | ho - ho -

D - P M | P M - M | M P G G | M M P P
g ii ku r | ba - - n | ve - mai ta | ho gii ho gii

D D P M | P M - M | M -
ho gii ku r | ba - - n | ve -

S' M'M' M' | G' G' R' N | - R' R' M' M' | R' S' S' -
chh ddi,na u | m r bh r | - kdi -me -ra | sa th ve -

- D DD D | N N P M | - GM -P -P | M M M -
- aa ve,na -vi | chho de va li | - kdi -shyama | ra -t ve -

- - M M | - MS' S' S' | S' S' N D | N - - D
- - te re | - kd man ch | me ri jin d | ja - - n

P M - - | N - - D | P M G G | M - P -
ve - - - | ja - - n | ve - mai ta | ho - ho -

D - P M | P M - M | M P G G | M M P P
g ii ku r | ba - - n | ve - mai ta | ho gii ho gii

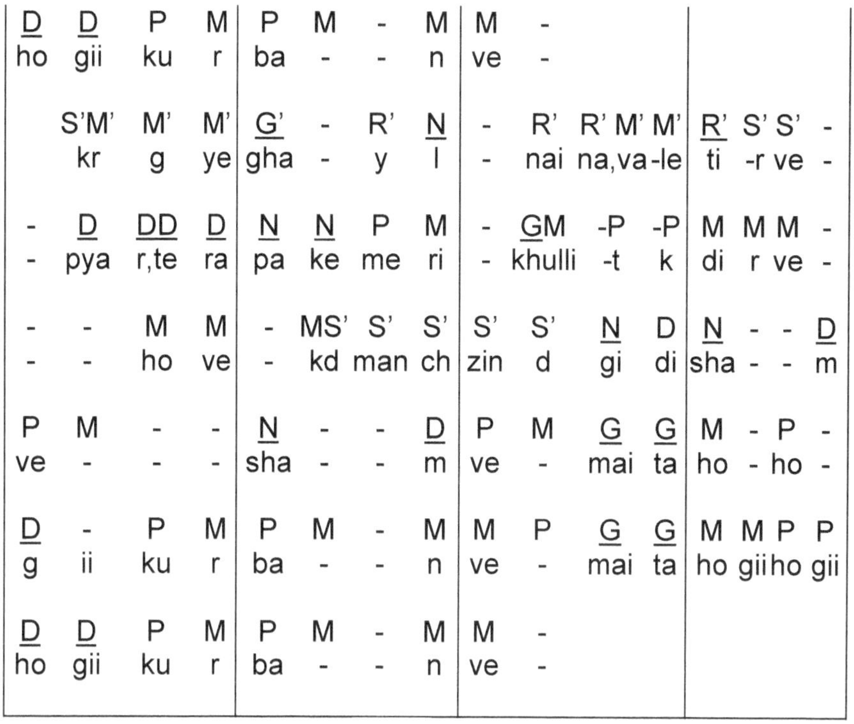

| D | D | P | M | P | M | - | M | M | - | | | | | | |
|---|---|---|---|---|---|---|---|---|---|---|---|---|---|---|---|
| ho | gii | ku | r | ba | - | - | n | ve | - | | | | | | |
| | S'M' | M' | M' | G' | - | R' | N | - | R' | R' M' | M' | R' | S' | S' | - |
| | kr | g | ye | gha | - | y | l | - | nai | na,va | -le | ti | -r | ve | - |
| - | D | DD | D | N | N | P | M | - | GM | -P | -P | M | M | M | - |
| - | pya | r,te | ra | pa | ke | me | ri | - | khulli | -t | k | di | r | ve | - |
| - | - | M | M | - | MS' | S' | S' | S' | S' | N | D | N | - | - | D |
| - | - | ho | ve | - | kd | man | ch | zin | d | gi | di | sha | - | - | m |
| P | M | - | - | N | - | - | D | P | M | G | G | M | - | P | - |
| ve | - | - | - | sha | - | - | m | ve | - | mai | ta | ho | - | ho | - |
| D | - | P | M | P | M | - | M | M | P | G | G | M | M | P | P |
| g | ii | ku | r | ba | - | - | n | ve | - | mai | ta | ho | gii | ho | gii |
| D | D | P | M | P | M | - | M | M | - | | | | | | |
| ho | gii | ku | r | ba | - | - | n | ve | - | | | | | | |

# 51. UDA AADA EEDI SASSA

Old Punjabi Song    Singer: Narinder Biba, Maan
Lyrics: Gurudev Singh Maan    Chord: SGP    S=D
Taal: Kaharwa
https://www.youtube.com/watch?v=EEcN6RwKkBY
(Old Song)

uda aada eedi sassa haha uda aada ho
mainnu jaan de sakule ik vaar hada ve
        o tainka thatha dadda dhadda dadda dhadda nana ni
        ni tu mud chal ghar nai sakule jana ni
ve main tere naal diljani rus jaavangi
na main ridkaangi dudh te na roti lavaangi
kakka khakkha gagga ghaggha oye mere beliya
kakka khakkha gagga ghaggha gagga ghaggha nanna ve
mainnu lai de ik kaida na chadhavin vangaan ve
        ni tu ja ke sakule das ki karengi
        meri lado mainnu dass othe ki tu padhengi
        tatta thattha dadda dhaddha- o meriye hanade
        tatta thattha dadda dhaddha dadda dhaddha nanna ni
        ni tu mudadi ae ki nahin tere gitte bhanna ni
aa ja vekh mere maahi ve main ki karaangi
ve main dharti sanwar ke te inj padhangi
chacha chhachha jajja jhajja o mere haaniya
chacha chhachha jajja jhajja jajja jhajja nanna ve
ve tu khetaan val chal main sakule vanjaan ve
        je tu meri bholi bhaliye ni padh jaanvengi
        ni tun chitthiyaan begaaneyaan nu likh paanvengi
        pappa faffa babba bhaba.........
        o pappa faffa babba bhaba babba bhaba mamma ni
        tera ronda rahe jo mahi lamm te salamma ni-2
tu vi padh mere likkhe tainnu khat aun ge
bhed jaan ke talange tainnu nas jaan ge
yayya rara lalla vava—mere beliya
yayya rara lalla vava lalla vava dhadha ve
"maan" dove challiye sakule ae nahin kamm mada ve-2

# UDA AADA EEDI SASSA

| dhage nti nkedhin 12 34 56 78 | dhage nti nkedhin 12 34 56 78 | dhage nti nkedhin 12 34 56 78 | dhage nti nkedhin 12 34 56 78 |
|---|---|---|---|

GG MP MM GG GG GG RG M
uda aada iidi sssa haha uda aada ve

GG MP M GGG RG MP MG G
mainnu jan de skule ik var hada ve

G GG MP MM GG GG GG RG M
o tainka ththa dda dhda dda dhda nana ni

G G MP MG GG R GMP MM G
ni tu mur chl ghr nii skule janna ni

G G MP MG GG RG MP MGG
ve mai tere nal dil jani rus javagi

G G MPMG GG R G MP MGG
na mai rirkangi dudh te na roti lavagi

M*P M*P M*P M*P D PP M*PM*P – MG
kkka khkkha ggga ghgga oye mere beliya

GG MP MM GG GG GG RG M
kkka khkkha ggga ghgga ggga ghgga nnna ve

GG M P MM GG G GMP MM G
mainu lai de ik kaida na chdhavin vnga ve

G G MP M GGG RG MP MGG
ni tu ja ke skule ds kii krengi

GG MP MG GG RG M P MGG
meri lado mainnu dass othe kii tu pdhengi

M*P M*P M*P M*P D PP M*P M*P – MG
ttta thttha ddda dhdda- o meriye hanne

G GG MP MM GG GG GG RG M
o ttta thttha ddda dhdda ddda dhdda nnna ni

G G MP M M GG RG MP MG G
ni tu murdi ae kii nhi tere gitte bhnna ni

G G MP MM GG R G MP MGG
aa ja vekh mere mahi ve mai kii krangi

G G MPM GGG R G MP MGG
ve mai dhrti snvar ke te inj pdhangi

M*P M*P M*P M*P D PP M*P M*P – MG
chchcha chhchchha jjja jhjja o mereya haniya

GG MP MM GG GG GG RG M
chchcha chhchchha jjja jhjja jjja jhjja nnna ve

G G MP MG GG G GMP MG G
ve tu kheta vl chl mai sakule vnjan ve

G G MP MM GGR G MP MGG
je tu meri bholi bhaliye ni pdh javengi

G G MPM GGG M P MP MGG
ni tu chitthiyaan beganeyaan nu likh pavengi

M*P M*P M*P M*P
pppa fffa bbba bhbba------

G GG MP MM GG GG GG RG M
o, pppa fffa bbba bhbba bbba bhbba mmma ni

GG MP M G GG RG M PMG G
tera ronda rhe jo mahi lamm te salmma ni -2

G G MP MG GG GMP MP MG G
tu vi pdh mere likkhe tainnu khat aun ge

RG MP M GGG GMP MP MG G
bhed jan ke talange tainnu ns jan ge

M*P M*P M*P M*P D PP M*P M*P MG
yyya rara llla vava—o mere beliya

GG MP MM GG GG GG RG M
yyya rara llla vava llla vava dada ve

GG MPM GGG G G MP MG G
“man” (dove) chlliye skule ae nhi kmm mada ve -2

# 52. SARGAM OR ALANKAR OR PALTE

S R G M P D N S'

S' N D P M G R S

SS RR GG MM PP DD NN S'S'

S'S' NN DD PP MM GG RR SS

SSS RRR GGG MMM PPP DDD NNN S'S'S'

S'S'S' NNN DDD PPP MMM GGG RRR SSS

SR RG GM MP PD DN NS'

S'N ND DP PM MG GR RS

SRG- RGM- GMP- MPD PDN- DNS'-

S'ND- NDP- DPM- PMG- MGR- GRS-

SRGM RGMP GMPD MPDN PDNS'

S'NDP NDPM DPMG PMGR MGRS

SRGMP RGMPD GMPDN MPDNS'

S'NDPM NDPMG DPMGR PMGRS

SG RM GP MD PN DS'

S'D NP DM PG MR GS

SM RP GD MN PS’

S’P NM DG PR MS

SP RD GN MS’

S’M NG DR PS

SD RN GS’

S’G NR DS

SRSRG– RGRGM– GMGMP- MPMPD– PDPDN– DNDNS’-

S’NS’ND- NDNDP– DPDPM– PMPMG–MGMGR– GRGRS-

SRGSRSRG RGMRGRGM GMPGMGMP

MPDMPMP PDNPDPD DNS’DNDNS’

S’NDS’NS’ND NDPNDNDP DPMDPDPM

PMGPMPMG MGMGMGR GRSGRGRS

S

S R S

S R G R S

S R G M G R S

S R G M P M G R S

S R G M P D P M G R S

S R G M P D N D P M G R S

S R G M P D N S’ S’ N D P M G R S

S'

S' N S'

S' N D N S'

S' N D P D N S'

S' N D P M P D N S'

S' N D P M G M P D N S'

S' N D P M G R G M P D N S'

S' N D P M G R S R G M P D N S'

S-SRG- R-RGM- G-GMP- M-MPD- P-PDN- D-DNS'-

S'-S'ND- N-NDP- D-DPM- P-PMG- M-MGR- G-GRS-

RS GR MG PM DP ND S'N R'S'

NS' DN PD MP GM RG SR .NS

SGR RMG GPM MDP PND DS'N NR'S'

S'DN NPD DMP PGM MRG GSR R.NS

.P P .DD .NN SS' RR' GG' MM'

M'M G'G R'R S'S N.N D.D P.P

S <u>R</u> <u>G</u> M P <u>D</u> <u>N</u> S'

S' <u>N</u> <u>D</u> P M <u>G</u> <u>R</u> S

S <u>R</u> G M P <u>D</u> N S'

S' N <u>D</u> P M G <u>R</u> S

# 53. OTHER BOOKS OF VINOD KUMAR

"mukesh 51 songs' sargam, part -1,2 "

"lata 51 songs' sargam"

"asha 51 songs' sargam"

"suman kalyanpur 51 songs' sargam"

"kishore 51 songs' sargam, part -1,2"

"md. rafi 51 songs' sargam, part -1,2,3,4 "

"singer sachindev burman and yesudas 51 songs' sargam"

"manna dey 51 songs' sargam"

"composer sachindev burman 51 songs' sargam, part -1 "

"kumar shanu 51 songs' sargam"

"superhit 51 gazals' sargam"

"bhajan swarlipi, part-1,2,3"

'sabad aur punjabi geeton ki sargam'

These Books are also available in English SRGM and Western CDEFG style at notionpress.com and amazon.in and at Flipkart.com

For English SRGM books search… (Singer name) 51 Songs' Sargam, book.

For Western CDEFG books search… (Singer name) Songs' Western Notes, book.

vinod kumar (vinod66vk@gmail.com)

Sabad and Punjabi Songs' Sargam, Part-1

## Vinod Kumar

Scan below QR Code from your mobile to get Vinod Kumar's (Singer name) 51 Songs' Sargam books from Flipkart.com site . (Hindi, English, Western all)

Scan below QR Code from your mobile to get Vinod Kumar's (Singer name) 51 Songs' Sargam books from Amazon.in site . (Hindi, English, Western all)

Hindi S R G M

English SRGM

And

Western CDEF

All type books

www.ingramcontent.com/pod-product-compliance
Lightning Source LLC
LaVergne TN
LVHW021154160826
845679LV00024B/2119
*9798887040493*